VÍTOR DiCASTRO

Deboche Astral

O manual astrológico para línguas afiadas

Copyright © Vitor DiCastro, 2023
Copyright © Editora Planeta do Brasil, 2023
Todos os direitos reservados.

Preparação: Fernanda França
Revisão: Valquíria Della Pozza e Thayslane Ferreira
Projeto gráfico e diagramação: Renata Zucchini
Capa: Kalany Ballardin | Foresti Design

CIP-BRASIL. CATALOGAÇÃO NA PUBLICAÇÃO
ANGÉLICA ILACQUA CRB-8/7057

DiCastro, Vítor
    Deboche astral / Vítor DiCastro. – 1. ed. – São Paulo: Planeta do Brasil, 2023.
208 p. : il.

ISBN: 978-85-422-2200-5

1. Humorismo brasileiro 2. Zodíaco I. Título

23-1839   CDD B869.7

Índice para catálogo sistemático:
1. Humorismo brasileiro

 Ao escolher este livro, você está apoiando o manejo responsável das florestas do mundo

2023
Todos os direitos desta edição reservados à
Editora Planeta do Brasil Ltda.
Rua Bela Cintra, 986, 4º andar - Consolação
São Paulo - SP - 01415-002
www.planetadelivros.com.br
faleconosco@editoraplaneta.com.br

Sumário

Introdução 5

1. Signos impacientes 9

2. A insegurança de cada signo 35

3. Os signos no amor 51

4. Os signos mudando de casa 75

5. Os signos e a política 91

6. O ciúme de cada signo 107

7. Os signos e o trabalho 125

8. O medo de cada signo 143

9. A maior qualidade de cada signo 159

10. O maior defeito de cada signo 175

CAPÍTULO BÔNUS: Os signos e o término de namoro 191

Agradecimentos 207

Introdução

Olá, minha senhora, seja muito bem-vinda ao livro do Deboche Astral. Se você acompanha o nosso trabalho pela internet, já deve saber bem o que te espera daqui pra frente. Mas, se esse não for o seu caso, já preciso te dizer, no bom e velho mineirês: É TUDO BO-BA-JA-DA, mas com fundo de verdade.

Por anos eu e o meu melhor amigo pisciano Rafa Brunelli nos unimos pra debochar de todos os signos do zodíaco, por acharmos que a internet já estava cheia de conteúdos acadêmicos astrológicos e que de alguma maneira a gente poderia utilizar uma linguagem mais coloquial e bem-humorada pra explicar por que arianos são tão agressivos ou cancerianos tão dramáticos. Aliás, eu sou canceriano com ascendente e lua em Câncer, então tudo o que você ler neste livro é extremamente pessoal e cheio de referências próprias, mas pode ficar com o coração tranquilo, porque sempre tivemos a colaboração da maravilhosa Tifany Justo, astróloga taurina que chegou com tudo trazendo o embasamento necessário pra não sermos processados pelo conselho regional de astrologia, se houvesse um.

E agora, depois de cinco longos invernos e mais de meio bilhão de visualizações pelas redes sociais, chegou a hora de eternizar os nossos ensinamentos e piadas infames sobre astrologia por meio deste lindo livro que você vai começar a ler. E pra começar a leitura você pode se sentir livre pra seguir a ordem que desejar, nem precisa ser aquariano pra isso.

Pode começar pelo fim, pode pular os signos que você considerar irrelevantes, pode rir, pode chorar, pode sentir ódio se rolar algum gatilho... Você é quem manda!

Fiz este manual para que você possa abrir a qualquer momento da sua vida e ler um trecho... Tipo aquela caixinha cheia de papel cortado com frases clichês que a gente tira pra receber um "minuto de sabedoria", só que durando um pouco mais que um minuto e com um pouco mais de sabedoria.

Aproveite a leitura e volte a este manual quantas vezes você achar melhor, até porque você pode querer conferir novamente a cada novo crush, trabalho ou parceiro, pra saber se está caindo em golpe ou não (anote: se for Libra, é golpe).

Boa leitura e não se esqueça de se inscrever no canal, deixar seu comentário e... desculpa, força do hábito.

1.
Signos impacientes

Paciência é uma grande virtude, sabemos bem. Mas como eu tenho uma mãe ariana, posso garantir a você que não é todo mundo que tem essa qualidade. Quando eu era criança, sempre sofria porque queria ser o filho mais prestativo, mas era sempre tachado de lento/lerdo só por não limpar a casa na velocidade que dona Roseli gostaria. Gatilho. Bem, mas nem só arianos são impacientes, ok? Serei justo e vou mostrar que todos têm seus momentos de ansiedade.

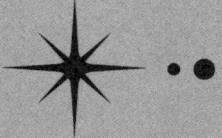

Áries

Áries é, de fato, o signo mais impaciente de todos. Se tem uma coisa que o ariano ODEIA é esperar, seja na fila da cantina ou quando a gente anda na rua e tem aquela pessoa caminhando superdevagar na nossa frente – o que é capaz de enlouquecê-lo!

Essa impaciência existe porque ele está sempre num outro ritmo, mais acelerado. A vibe dele é "se não for agora, nem quero mais", ou o clássico "queria que o dia tivesse mais que vinte e quatro horas". Enfim, o ariano está ligado no 220 volts e tocando mil projetos ao mesmo tempo.

Com uma mãe ariana, eu me lembro de ela brincar que estava sempre perdendo a hora, como o coelhinho da Alice no País das Maravilhas, que sempre dizia que estava muito atrasado. Aliás, existe até a "Síndrome do Coelho da Alice", que se aplica a quem tem muita urgência nas coisas, aquela vontade de ter tudo pra ontem, e por isso vive constantemente irritado. Essa, aliás, é uma boa definição de um ariano, né?

Não é à toa que o signo de Áries tem o nome inspirado no deus da guerra – afinal, o ariano tem o pavio curto, e a paciência mais curta ainda. Para arrumar briga com ele, basta ser lerdo, pois para o nativo desse signo o mundo deve andar na velocidade dele, e a gente que lute para acompanhar o ritmo frenético com o qual ele está acostumado.

Essa impaciência atrapalha o andamento de projetos, que muitas vezes são abandonados pela demora natural das coisas para dar certo. Qualquer burocracia consegue tirar um ariano do sério em segundos. O que pode se tornar um problema quando várias coisas da vida precisam de tempo, de insistência e de lidar com o tempo dos outros também.

Eu até poderia dizer para você que é ariano manter a calma e ser mais paciente, mas eu sei que se tem uma palavra que o ariano não suporta... é CALMA. ✦

Touro

O taurino é superpaciente. Ele entende o tempo das coisas e sabe que a pressa é inimiga da perfeição. Para o nativo desse signo, é difícil perder a cabeça com as outras pessoas. Ele costuma dar chances para quem pisa na bola, com toda a paciência do mundo. Aguenta muita coisa dos outros numa boa, pois é paciente e afetuoso, graças ao seu planeta regente, Vênus. Deve ser por isso que ele aproveita os prazeres da vida com calma. Aliás, muitas vezes o taurino até suporta situações ruins por tempo demais, pela preguiça de fazer algo para sair daquele comodismo.

Profissionalmente, pode trabalhar em um ritmo mais lento, mas termina o que começou, pois é teimoso e raramente muda de ideia. Na verdade, o taurino prefere dar continuidade nos projetos dos outros a ele mesmo ter que começar alguma coisa do zero.

Mas nem tudo são flores no vasto campo onde rumina esse pequeno bezerro: para deixar um taurino impaciente, é só colocá-lo numa situação em que ele fique desconfortável, e ainda tenha que esperar para resolver esse pepino. Quer um exemplo? Imagine que o delivery está atrasado vinte e cinco minutos; quando chega, o lanche está frio; ao tentar comê-lo, o gosto está ruim; e, pra piorar, custou caro. Lembra aquela cena de *Friends* em que o Joey grita: "Joey não divide a comida!"? Então... basicamente é só mexer na segurança do taurino que as coisas saem do eixo e a irritação pode dar as caras.

Se você quer manter um nativo do signo de Touro feliz e calmo, basta deixá-lo confortável, de barriga cheia e com um cobertorzinho quente. Faça isso e ele vai ser o touro mais manso que você já viu. ✦

Gêmeos

O signo de Gêmeos é impaciente por natureza, pois não suporta o tédio e a monotonia. O geminiano tem que estar sempre em movimento, sempre falando, fazendo, indo atrás de algo novo e interessante. É que ele tem pavor da permanência, da rotina, do previsível. É daí que vem a sua necessidade de constante mudança. Aliás, a única paciência que você encontra nesse signo de Ar é a das pessoas que convivem com ele, porque lidar com esse ritmo louco e a mudança constante de humor é para poucos.

O geminiano é aquela pessoa que pode estar de boa, tranquila... e de repente estoura, arma o maior barraco, já no auge da irritação. Então, quinze minutos depois, é como se nada tivesse acontecido. Não é nem um pouco equilibrado, viu, gente? É de oito a oitenta em segundos, e o ranço desse signo costuma durar pouco. É como se houvesse várias pessoas habitando um mesmo corpo, tipo aquele filme *Fragmentado*: vinte e quatro personalidades em um cara só.

Mas não se engane, pois a paciência que um nativo de Gêmeos tem para discutir pode te surpreender. Afinal, esse signo é regido por Mercúrio, o planeta da comunicação. Pena que a paciência dura só até onde ele ganha a briga: na hora em que ele percebe que está perdendo, larga o osso e se distrai com outra coisa. E você que lute para lidar com a montanha-russa de emoções dele...

Na vida profissional, o geminiano costuma fazer mais de uma faculdade, ter dois ou mais empregos e não suportar a rotina de escritório – bater ponto e fazer todo dia a mesma coisa está fora de questão. Ele prefere trabalhos mais comunicativos e desafiadores, que o instiguem e que tenham atividades diferentes.

Há momentos na vida em que é necessário buscar um pouquinho de permanência e estabilidade. Então você, geminiano impaciente, pode se sentir insatisfeito e ansioso de vez em quando, já que está sempre querendo algo diferente o tempo todo. Se esse for o seu caso, que tal curtir o momento, desacelerar um pouco e aproveitar a vida, por mais repetitiva que ela possa parecer? ✦

Câncer

O nativo do signo de Câncer não é impaciente quando está tudo bem, quando o namoro está gostoso, não tem treta na família... Nessa situação favorável, ele é o orgulho da mamãe. Tem muita facilidade de ouvir o outro, de exercer a empatia, mas quando surge um drama que ele não consegue resolver, a impaciência vem e não acaba até que tudo se acalme.

O que tira nós, cancerianos, do sério são os problemas emocionais: uma pessoa que não responde a uma mensagem que enviei para saber se ela me ama mesmo e se está tudo bem; um problema familiar que parece longe do desfecho... E aí a irritação vem da vontade de resolver, de fazer tudo ficar bem e confortável de novo. É esse desequilíbrio que tira a gente dos eixos e nos irrita taaanto!

A impaciência de Câncer é aquela capaz de deixar a gente nervoso, choroso, doido pra ir lá e resolver a treta logo, até porque os nativos desse signo têm aquela mania de pensar demais em tudo, então a cabeça não para enquanto o problema não acaba.

O sentimento de que não está tudo bem é o que deixa os cancerianos apavorados. Ficamos aflitos ao saber que tem alguém que não gosta da gente, que tem algo fora do conto de fadas que contamos para nós mesmos – porque, assim como o símbolo desse signo, o caranguejo, nós também temos uma casca dura, que esconde um interior sensível e carente da validação dos outros.

A vontade de agradar, misturada com a impaciência, fica evidente quando perguntamos assim: "Mas por que fulano não gosta de mim?", ou: "Por que ele não quer resolver isso?".

O canceriano é cem por cento a Narcisa Tamborindeguy falando para o Fábio Porchat, aflita, após fazer um programa com a Xuxa: "A Xuxa me amou? A Xuxa não me amou. Mas a Xuxa me amou mesmo?".

E aí a gente fica impaciente, porque simplesmente odiamos quando tem algo que foge do nosso controle ou quando, por algum motivo, magoamos alguém que amamos e essa pessoa não quer papo com a gente. Pelo amor de Deus, eu só quero deitar a cabeça no travesseiro de noite sabendo que todo mundo me ama! Nem é tão difícil assim, vai...

Quer uma dica? Uma boa forma de lidar com essa impaciência toda de resolver conflitos é fazendo terapia, já que nem todos os problemas estão sob nosso controle e serão resolvidos rapidamente. ✦

Leão

O leonino gosta de estar no controle das coisas, de estar à frente das decisões. A partir do momento em que ele vê alguém atrapalhando os seus planos, ou deixando de lhe dar a importância que ele gosta de ter, a impaciência vem. E vem forte, de forma agressiva. Afinal, diria ele, "quem é você para não me dar o valor que eu mereço? Faça-me o favor, né!".

O signo de Leão é regido pelo Sol, o que talvez explique por que o leonino acha que ele é o centro do universo. Por isso é simples irritá-lo: é só fazer uma festa e chamar todo mundo, menos ele. A pessoa leonina, nesse caso, não só vai ficar impaciente como vai querer tirar a sua cabeça com uma patada – é aquela raiva dramática, sabe? E quando o leonino está assim, nem adianta argumentar, porque ele não vai te ouvir.

Se o nativo do signo de Leão não se sente reconhecido ou valorizado nos seus esforços, seja por causa de uma crítica ou de um desdém, isso o deixa indignado e frustrado. Quem é ou já namorou um leonino sabe que, se não o paparicar o tempo todo, ele se sente ameaçado e desvalorizado. E aí, meu bem, prepare-se para muita impaciência, viradas de olhos e ranço mortal!

Outra característica do leonino que anda de mãos dadas com a impaciência é a competitividade, aquela corrida para ser o melhor e entregar tudo de si. Por isso, quando ele vê alguém fazendo corpo mole, fica irritadíssimo e cobra dos outros a postura impecável que ele tem, sobretudo na vida profissional.

A dica que eu deixo hoje para você que é do signo de Leão é abrir um pouco a mão do controle, de estar sempre certo, de ser o centro das atenções. Sinto muito te informar, mas a vida não é feita para te servir, por mais revoltante que isso pareça. ✦

Virgem

O virginiano é tão racional que até a impaciência dele está etiquetada e catalogada, com cronograma para tudo, todo o script pronto – pois ele não precisa ser paciente, ele precisa ter uma planilha. Para tirá-lo do sério é só alguém não seguir a organização que ele criou para que tudo saia como o planejado, ou que aconteça algo que fuja do seu controle e acabe tirando tudo dos eixos.

O signo é regido por Mercúrio, que é responsável por trazer para o virginiano uma mente analítica e um raciocínio prático. Por isso, quando questões emocionais atrapalham os seus planos, ele fica perdido, não sabe lidar com a situação e se torna impaciente. Procura lidar racionalmente com essas questões, mas não sabe muito bem como, e, por se sentir perdido, fica estressado e mal-humorado.

No trabalho, o virginiano costuma planejar tudo com muita antecedência, mantendo uma organização impecável – tudo sob controle! O que vai deixá-lo possesso é aquele colega que é todo bagunceiro, que faz tudo em cima da hora e ainda atrapalha os planos de todo mundo. Aquela dinâmica do Jake Peralta com a Amy Santiago em *Brooklyn 99*, sabe? Enquanto um tem um glossário para tudo e age com cautela, o outro mete o louco e resolve as coisas no feeling. Com o virginiano não existe feeling, existem dados e estatísticas.

Se você já se relacionou com um nativo do signo de Virgem, sabe que ele não é meloso e não tem muita paciência para drama alheio, não... Isso porque, para ele, não faz sentido chorar por algo que tem uma solução, que pode ser resolvido. E, apesar de ser impaciente quando as coisas saem da sua rotina, no relacionamento ele não tem energia para brigar. Na verdade, ele vai te criticar milimetricamente e não vai parar de provar que está certo na discussão, até você cansar e assumir que está errado.

Aliás, se tem uma coisa com a qual o virginiano não sabe lidar é a impaciência dos outros, já que, na sua visão, tudo acontece no tempo que ele estipulou. É o famoso "a pressa é a inimiga da perfeição", sabe? Não adianta um ariano chegar nele e cobrar algo para ontem, ou trazer uma demanda urgente, pois, se não couber no cronograma, não vai rolar. Para Virgem, isso é pular várias etapas do processo e comprometer o resultado sem defeitos que ele quer entregar. ✦

Libra

Libra é um signo que pensa muito e que tem a paciência da justiça. Sabe que é bom esperar para que as coisas saiam belas, simétricas, e isso leva tempo. Por ser equilibrado, por fora demonstra paz e harmonia, enquanto por dentro está louco, agitado. Isso porque o libriano lida com a impaciência de forma refinada: você não vai nem reparar que ele está impaciente, mas ele está.

O signo de Libra é regido por Vênus e é representado por um objeto, a balança, pois sempre procura o equilíbrio das coisas, de forma que não fica polarizado em emoções. Justamente por ter esse senso de justiça e estabilidade, ele lança um olhar amplo sobre as coisas e, por isso, não é tão impaciente. Na verdade, é ele que deixa os outros impacientes com a sua dificuldade de decidir o que quer.

O que vai tirar um libriano do sério, mas você nunca vai notar porque ele vai saber disfarçar bem, é quando ele não consegue enxergar as vantagens e desvantagens de uma situação em que ele precisa decidir algo logo. Quer ver alguém de Libra doido? Pressione a pessoa para decidir rápido alguma coisa, e pronto! Isso acontece porque, para ele, é preciso olhar com calma para todos os lados, analisar todas as possibilidades, e isso leva tempo.

Quando o assunto é pessoal, é mais fácil para o libriano escolher, afinal a decisão só afeta a ele, mas quando a sua resposta atinge seus relacionamentos ou o campo profissional, ele fica impaciente e aflito, quer evitar ao máximo um confronto e elaborar a escolha mais perfeita possível.

Na vida profissional, situações de injustiça podem tirá-lo do sério, como quando alguém decide coisas importantes sem consultar ninguém, ou quando ele vê alguém tirando vantagem em cima dos outros. Isso realmente o deixa irritado e ele se sente pessoalmente ofendido nesses casos.

O recado é claro: para não deixar um libriano impaciente, é só não o tirar da estabilidade em que ele vive. Enquanto tudo estiver bonito e equilibrado, ele será superpaciente. ✦

Escorpião

O escorpiano pode parecer impaciente e agressivo, mas na verdade não é. Tudo para ele leva tempo, pois se trata de uma pessoa intensa, profunda, que aprecia o tempo certo para que as coisas sejam bem-feitas. Lembra o ditado "a vingança é um prato que se come frio"? Então, é essa paciência de planejar, de esperar o melhor momento que o Escorpião tem, de não perder o controle por qualquer coisinha que acontece.

Mas não se iluda, pois quando ele fica impaciente... Prepare-se, porque a sua fúria assassina será ativada com sucesso. Coisas como bajulações, invasões de privacidade e traições tiram o escorpiano do sério de forma intensa e dramática – e não espere perdão desse signo! Além disso, ele odeia meio-termo: se percebe que está em uma relação rasa, em que não consegue se entregar de corpo e alma, não hesita em pular fora sem rodeios.

Outra coisa que desestabiliza esse signo de Água é sentir que perdeu o controle da situação, que algo não foi feito do seu jeito. Isso o deixa inseguro e desprotegido. Se você roubar o poder do escorpiano ou tiver algo para manipulá-lo, como um segredo dele, vai ver o seu PIOR lado: impaciência total e aquela vingança digna da Paola Bracho. Porque o escorpiano é fiel e é seu amigo até para enterrar um cadáver, mas, se você o trair, não se esqueça de que ele sabe enterrar um cadáver.

No trabalho, ele se entrega com paixão – é o primeiro a chegar e o último a sair. A impaciência surge quando ele é pressionado pelo chefe ou por colegas que roubam o poder que ele tem, pois se sentem ameaçados e expostos. O escorpiano, então, revida com todo o seu veneno. ✦

Sagitário

Sagitário é impaciente e curioso por natureza, quer sempre algo novo e não espera que o destino dê conta do recado: ele vai atrás do que quer e lida com a impaciência se ocupando com outra coisa, curte aproveitar o momento e rir de si mesmo.

O sagitariano é regido por Júpiter, planeta da felicidade, então ele não quer se estressar por nada. Afinal, a vida é curta demais para ficar se irritando com qualquer coisinha, né? Vai fugir dos problemas e assumir que o que não tem solução, solucionado está, e por isso não fica irritado quando está impaciente; ele fica agitado, ligado nos 220 volts.

Se tem uma coisa que deixa um Sagitário doido é ter uma rotina fixa que o mantenha engessado, sem poder extravasar e curtir, ainda mais se for uma situação em que ele não pode fazer nada a respeito e tem que esperar. E aí ele fica irritado de forma exagerada, arrogante até, e se você o questionar... prepare-se, que ele é metade cavalo, e o coice vai vir com força e sarcasmo.

No trabalho, pessoas mal-humoradas e lentas vão tirá-lo do sério, pois ele é super "dono da razão" e não costuma dar o braço a torcer. Caso lide com pessoas com ideias fortes, ou que saibam mais de algum assunto do que ele, vai se irritar e querer provar que está certo o tempo todo. Ele fica impaciente se discordam dele ou não veem que ele está certo, já que pra ele tudo é uma verdade absoluta. ✦

Capricórnio

O capricorniano é muito paciente, pois canaliza a impaciência para buscar uma solução, oferecendo um olhar mais prático e realista. A cabra que representa o signo sabe que, para chegar lá ao cume da montanha, ela tem que passar muito perrengue e tá tudo bem – desde que as coisas estejam sob controle.

Diferente de Libra, que quando está impaciente sabe disfarçar bem, todo mundo sabe quando um capricorniano está impaciente: parece que passou um Dementador e sugou toda a alma dele, fica só a carcaça sem vida, carregada de mau humor e irritação. Eu não consigo imaginar uma pessoa mais chata do que um capricorniano estressado, ainda mais se ele estiver com excesso de coisas para fazer e tendo que lidar com a falta de compromisso e de responsabilidade dos outros.

Para tirar Capricórnio do sério, é só ele ter que lidar com pessoas lerdas, principalmente no trabalho, que atrapalham seus planos e não seguem o padrão altíssimo de entrega que ele cobra de si mesmo e dos outros. Trabalho malfeito e corpo mole tiram esse signo do sério, ainda mais se ele for o chefe. E não ouse atrasar uma tarefa com ele, que aí você vai ouvir um sermão e tanto.

Outra coisa que acaba com a paciência do capricorniano é gente sentimental demais, que vai ligar para chorar as pitangas e fazer drama. Ele não tem tempo para isso. Afinal, tempo é dinheiro, e ele não vai perder o tempo em que poderia estar trabalhando ouvindo sobre sentimentos. Pode ser grosseiro e dar uma solução racional demais, pois para ele a questão emocional não é um grande problema.

Como é regido por Saturno, planeta da responsabilidade, aprecia a estabilidade e não curte mudanças. Então, se o controle é tirado do Capricórnio, ele fica ansioso e impaciente, fora da sua zona de conforto, e se irrita por ter que recalcular a rota que já tinha traçado cuidadosamente. ✦

Aquário

O aquariano nunca nem ouviu falar de paciência, ainda mais para outras pessoas, para sentimentos exagerados ou gente burra, que testa a tolerância que ele já não tem.

Regido por Urano, planeta da liberdade e rebeldia, Aquário se irrita quando é obrigado a seguir regras que foram impostas a ele e cobranças afetivas que não fazem sentido algum. Fica impaciente se é forçado a agir de determinada forma e sem poder questionar, pois aprecia sua liberdade e gosta de ser diferente e excêntrico.

Ele acaba afastando pessoas emotivas demais ou com pensamentos retrógrados e sem embasamento algum, já que a paciência é zero e ele não vai perder o precioso tempo com drama alheio ou com quem não tá nem aí para nada. Assim como Susana Vieira (leonina), o aquariano é totalmente sem paciência com quem está começando.

Para irritar um aquariano é bem simples: ligue para ele e só fale de você, sem pensar no coletivo. De preferência, traga um assunto polêmico e seja bem cabeça-dura, mostrando que não vai mudar de opinião e que não está aberto para conhecer coisas novas. Isso vai deixá-lo possesso, pois para ele o novo é sempre bem-vindo, e não se abrir para isso faz de você um graaaande idiota. ✦

Peixes

O signo de Peixes não se deixa levar pela impaciência e não fica agressivo. Ele não é de pressionar os outros para que as coisas aconteçam no tempo dele. Aliás, ele estressa quem convive com ele justamente por estar de boa e nem sempre estar atento às coisas mais urgentes do dia a dia.

Regido por Netuno, planeta de espiritualidade, dos sonhos e da imaginação, o pisciano fica muito impaciente quando não sabe se esses sonhos vão se concretizar, se vai demorar. Outra coisa que o tira da calmaria em que vive é aquela pessoa que menospreza seus sentimentos, que não demonstra emoções e não entende como ele se sente, que trata tudo como drama.

O pisciano também fica impaciente se lida com pessoas egoístas, sem empatia e que não se atentam às necessidades dos outros, porque ele é altruísta e realmente pega as dores dos outros para si.

Não sabe lidar bem com cobranças ou gente que o fica pilhando para fazer as coisas em outro tempo. Está sempre no mundo da lua e não gosta de ser tirado de lá. Gosta de tranquilidade, sombra e água fresca, e quando é tirado desse bem-bom – ou seja, quando alguém o obriga a acelerar – fica impaciente.

Na verdade, é mais fácil ficar irritado com um pisciano do que irritar um: seu jeito sonso e muitas vezes vitimista pode tirar do sério qualquer pessoa, além de ele ser lerdo e irritantemente alegre. Se você demonstrar que está impaciente com um nativo de Peixes, ele pode tanto ser escorregadio e fingir que não é com ele, como pode ser passivo-agressivo e te deixar ainda mais estressado. E sim, se você gritar com ele, ele vai chorar. ✤

2.
A insegurança de cada signo

Só quem já chegou da primeira vez na terapia supertranquilo achando que estava arrasando e depois se descobriu um poço de traumas e medos sabe que todo mundo tem a sua insegurança. Até a maior leonina do mundo, Susana Vieira, deve ter uma guardada a sete chaves. Às vezes aparece quando a gente está em público, às vezes quando uma relação está para começar, num trabalho, e, dependendo do signo, pode aparecer assim que você abre os olhos toda manhã.

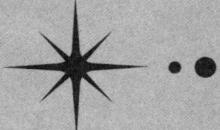

Áries

O ariano é perigosamente seguro: ele não tem tempo para pensar nas consequências ou no medo, ele só vai lá e faz, sem dar brecha para a voz da insegurança. Mas não se engane, viu? Quando ele fica inseguro, vai ser mais agressivo ainda para dar uma disfarçada, para se mostrar no poder.

Quem é de Áries, quando fica inseguro, não vai falar para ninguém. Vai resolver tudo sozinho para não demonstrar fraqueza, até porque, se tem uma coisa que esse signo odeia é ter que depender dos outros e sentir que está incomodando alguém com seus problemas e dramas.

Apesar de ter uma autoestima praticamente inabalável, o ariano fica inseguro quando convive com pessoas que o fazem se sentir inferior ou deixado para trás, e aí seu lado competitivo vem com tudo e ele não descansa até provar ser o melhor.

Áries também fica inseguro se não se sente valorizado e querido em um relacionamento. Ele precisa ter certeza de que é amado para conseguir se entregar e viver seus sentimentos, e se tiver dúvidas disso ou sentir que só ele está curtindo o relacionamento, vai ficar bem noiado.

Como é desinibido, não costuma dar voz a essas inseguranças e faz o que tem que fazer, independentemente dos seus medos. Na verdade, o mundo seria mais seguro se todos os arianos fossem mais inseguros e pensassem mais antes de fazer alguma coisa, porque a insegurança ajuda a evitar que eles destruam a vida deles e a nossa. Então, ariano... se liga, hein? ✦

Touro

Touro busca a segurança acima de tudo, em todos os aspectos da sua vida. Então, quando não tem isso, fica muito inseguro e sofre com aquele medo paralisante, que o deixa empacado, e ele não faz nada para mudar a situação.

Além da insegurança, ele tem a ansiedade de saber quando as coisas vão dar certo e trazer algum conforto. Quando ele não vê essa linha bem definida ou sente que não tem controle das coisas, fica pensando demais, duvida do seu próprio valor e acaba se colocando para baixo de uma forma que ninguém consegue tirá-lo da fossa.

Uma coisa que realmente tira todo o brilho de Touro é a falta de grana, as dívidas ou quando ele percebe que não vai ter a vida que deseja tão cedo. Se está sem dinheiro ou devendo para alguém, vai ficar bem estressado e inseguro, até porque esse signo se compara demais com os outros, então se todo mundo tiver um celular de última geração e ele não, ele vai se sentir inferior.

Nos relacionamentos, o taurino fica bem inseguro se sente que a coisa não vai para a frente, que a outra pessoa não está tão a fim como ele. A sua expectativa é que a experiência seja intensa e confiável. Ele precisa ter certeza de que está tudo bem, e sem isso fica abalado, fica com medo.

O pior da insegurança do taurino é que isso faz a sua vida estacionar. Ele fica parado esperando que a situação se resolva sozinha, e como isso não vai acontecer, ele só se frustra ainda mais. ✦

Gêmeos

O signo de Gêmeos não é de demonstrar insegurança, mas quem o conhece de perto sabe quando ele está com a sua segurança mais abalada, pois costuma falar demais quando é questionado sobre algo que não sabe, tipo o peixe que morre pela língua, sabe?

Mas essa não é a única insegurança do geminiano: ele também tem medo de ser a segunda opção, de ficar solitário sem ninguém para conversar. É até por isso que ele cria várias personalidades, uma para cada grupo que frequenta, para evitar que fique sozinho e sem amigos. Essa necessidade de ser aprovado pelos outros leva a outra insegurança, a de ser sempre o amigo legal e descontraído, pois ele se preocupa muito em ser agradável e aceito em um grupo.

Como esse signo costuma mudar muito de ideia sobre as coisas, outra insegurança dele é o medo de escolher errado, justamente porque tem medo de ser julgado pelas suas decisões, e por isso depende muito das opiniões dos outros para ser validado. E mesmo assim sabemos bem que ele não é bom em tomar decisões, pois não reflete muito antes de agir, vai pelo feeling – só que nem sempre o seu instinto está certo. ✦

Câncer

Nós, cancerianos, somos inseguros por natureza, principalmente na questão emocional e nas relações com outras pessoas. É aquele medo de que, do nada, todos os seus amigos te odeiem e você acabe morrendo sozinho, com cinco gatos, sabe?

A insegurança de Câncer vem muito da necessidade de afirmação, de segurança nos relacionamentos, por isso qualquer briga já é um gatilho, parece que tudo vai dar errado e vão nos odiar para sempre.

Isso acontece porque, além de inseguro, o canceriano também se compara demais, então sempre acha que o crush vai achar alguém mais legal para namorar, que a amiga vai trocá-lo por outra pessoa mais interessante... A necessidade de ser valorizado e de receber carinho diariamente vem desse medo de perder as pessoas que ama. Ah, e quando ele perde alguém mesmo, vai demorar muito para conseguir superar.

A culpa também causa muita insegurança no nativo de Câncer. O medo de não ser o bastante ou não dar conta de tudo assombra esse signo, ainda mais porque sempre abraçamos os problemas do mundo e nos julgamos responsáveis por resolvê-los. E o pior: mesmo com tanta culpa, não nos comunicamos, ficamos fechados na nossa casca dura e sofremos em silêncio. Disque 0800-terapia, por favor. ✦

Leão

Apesar da fama de ser superseguro, na vida real o leonino não é bem assim. Na verdade, ele é um dos signos mais inseguros do Zodíaco, tudo isso porque precisa da validação dos outros, de ter o ego massageado o tempo todo para sentir que tem valor. E por depender tanto da opinião alheia, mas ter uma autoestima boa, não só fica inseguro como também fica bravo quando não reparam nele.

Por causa dessa insegurança é comum que o leonino não seja ele mesmo para que os outros gostem dele, então ele cria uma personalidade para que você o idolatre e dê a aprovação que ele tanto espera. Aliás, toda a pompa de estar sempre arrumado e radiante também esconde o medo de ser rejeitado.

Uma característica de Leão que muita gente não sabe é que ele é ciumento, pode até ser possessivo, por ter a necessidade de sempre ser o protagonista na vida de todos à sua volta. Se alguém rouba seu holofote ou ele percebe que outra pessoa está recebendo mais elogios que ele, fica inseguro e ciumento. Aquele clássico amigo que fica com ciúme quando você faz um amigo novo, sabe?

A síndrome do impostor também tira o sono do leonino, que sempre parece tão confiante, mas tem muitas dúvidas se é merecedor das coisas que conquista, ainda mais se não recebe aplausos suficientes por isso. ✦

Virgem

Virgem lida com a insegurança por meio da organização: ele vai checar e controlar tudo que o deixa com o pé atrás; é assim que camufla esse sentimento. Como é muito crítico, prefere assumir para si as tarefas a delegar aos outros, pois tem medo que eles façam errado ou não façam do jeito que ele julga ser o correto.

Conhecido por ser perfeccionista, o virginiano se frustra por não alcançar a perfeição em tudo, e isso o deixa inseguro. Tanto é que ele é chamado, muitas vezes, de neurótico, tipo a Monica de *Friends* com a organização da casa. Ele não só cobra muito de si como exige muito dos outros, e por isso costuma ficar sobrecarregado com o excesso de tarefas.

O medo de ter as coisas saindo do próprio controle também o assombra, por isso prefere tentar prever tudo, colocando em uma planilha, a viver algo inesperado que pode prejudicá-lo. Dessa forma, odeia sair da rotina e prefere saber das coisas para não ser surpreendido.

Uma outra assombração do virginiano é a comparação: sua régua já é alta, então, se ele conhece alguém melhor do que ele, fica mais inseguro, ainda mais se essa pessoa estiver flertando com o seu crush. Nesse caso, ele prefere sair de fininho a enfrentar essa disputa. ✦

Libra

Não existe signo mais inseguro que Libra, porque ele depende da aprovação do outro para tudo. É até por isso que tem dificuldade para decidir o que quer, dominado pelo medo de escolher errado.

Nos relacionamentos se joga sem pensar, por medo de ficar sozinho, e tem dificuldade em expressar sua opinião e sentimentos pelo receio de magoar o outro e não ser aceito. Costuma ser diplomático demais e nem sempre é verdadeiro consigo mesmo, pois lida com a insegurança de ser querido por todos e se pergunta o que os outros vão pensar dele.

O fantasma da comparação também assombra esse signo de Ar: mesmo que ele esteja bem na vida, o sentimento de que alguém está melhor do que ele o deixa bem inseguro. Ele é paciente e reconhece que cada um tem seu tempo, mas lhe dá aquela noiada saber que alguém está fazendo mais do que ele.

Conflitos também tiram toda a segurança de Libra: se a balança não está equilibrada, isso lhe causa medo, já que ele tem uma dificuldade natural para resolver desentendimentos, sempre procurando o que é melhor para todos, mas nem sempre o que é melhor para ele. ✦

Escorpião

O signo de Escorpião se conhece tão bem que não sobra espaço para a insegurança. Ele tem um autoconhecimento que o ajuda a lidar com as feridas e o medo, e por isso é muito difícil de ser inseguro. Mas não se iluda: mesmo ele tem suas noias, como veremos a seguir.

Um dos traços mais marcantes do escorpiano é o mistério, aquela impressão de que você nunca vai conhecê-lo cem por cento, porque ele jamais vai mostrar tudo que é. A razão por trás disso é justamente a insegurança de se expor por completo e ser julgado, tornando-se motivo de chacota entre as outras pessoas, então ele só mostra partes dele para evitar uma possível rejeição.

Característica comum dos signos de Água, o isolamento pode trazer muito desconforto para Escorpião. Passar um tempo sozinho não faz mal, mas no caso desse signo há uma tendência a se isolar de tudo para digerir seus sentimentos, gerando uma desconexão da vida real e um sentimento profundo de exclusão social.

Como sente tudo com intensidade, o medo de um relacionamento acabar do nada pode plantar várias inseguranças na sua mente. Ele precisa estar seguro de que o relacionamento vai bem e que vai ser duradouro, ou fica muito preocupado e não consegue se entregar da forma como gostaria.

Aliás, no campo amoroso, o escorpiano é muito desconfiado e pode ter uma postura mais na defensiva, mas partindo para o ataque quando é ameaçado. Então, a sua insegurança também pode ser letal em alguns casos. ✦

Sagitário

O sagitariano é muito seguro de si – até demais, na verdade. O excesso de autoconfiança o leva a tomar decisões precipitadas, irresponsáveis e impulsivas, então seria bom adicionar um pouco mais de insegurança no currículo desse signo.

No entanto, mesmo sendo bem tranquilo, até ele tem seus medos. Um receio comum do sagitariano é a insegurança intelectual: ele sempre se acha o dono da verdade, e espera que todo mundo ache isso também. Teimoso, não aceita estar errado, e é inseguro ao ponto de se importar com a opinião dos outros e fazer o possível para mudá-la.

Além disso, fica inseguro se percebe que não tem domínio sobre o tema que está sendo discutido, pois para ele é essencial ter um conhecimento amplo sobre tudo para poder dar a sua opinião.

Se você já conviveu com um Sagitário, sabe que ele tem uma característica em comum com Leão, que é a necessidade de aplausos – nesse caso, das risadas. Ele precisa da validação do outro, do riso, para se sentir querido. Do contrário, fica pensando se todo mundo o odeia e o considera sem graça.

Outro ponto que é prejudicial para o sagitariano é o excesso de otimismo, de achar que pode fazer qualquer coisa que não vai dar nada, que a vida é feita para ser curtida... Isso o faz agir com irresponsabilidade, e pagar o preço. A frustração quando os planos dão errado lhe causa muito medo, e ele camufla esse receio com um otimismo invencível de que, no fim, tudo dará certo. ✦

Capricórnio

Capricórnio é um signo com fases de insegurança e fases de autoconfiança: quando não sabe o que quer ou como atingir seus objetivos, fica receoso, melancólico e reclamão. Depois que ele aprende o que é preciso para conquistar seus sonhos, fica mais seguro de si e consegue se planejar da forma como gostaria.

Por ter muito claras suas metas e ser muito racional, o capricorniano pode perder o sono pelo medo de falhar. Então, ele pensa demais nos seus planos e se organiza para que tudo saia conforme o planejado, sem nenhum fracasso no caminho.

Embora saiba lidar racionalmente com a maioria dos seus problemas, seu lado sentimental é uma área difícil e tenebrosa. A sua insegurança o faz se fechar para os relacionamentos, e não é à toa que carrega a fama de ser o mais frio do Zodíaco. No fundo, é um mecanismo de defesa, por medo de encarar algo que fuja do seu controle e organização.

Outra assombração na mente de Capricórnio é a preocupação; é um signo que se preocupa demais com tudo, principalmente em relação ao futuro e à velhice. É até por isso que ele economiza tanto: pelo medo do dia de amanhã surpreendê-lo e ele se vir em uma situação péssima.

Nos relacionamentos, se sente exposto e vulnerável quando o controle que ele acha que tem sai de suas mãos, e para ele é importante sentir que está em uma relação estável e recíproca. Caso contrário, pode praticar toda a sua frieza terminando com você e indo procurar algo melhor, pois além de congelante, é pessimista/realista e acha/sabe que tudo sempre tem um fim. ✦

Aquário

O aquariano raramente demonstra que está inseguro, pois a insegurança é um sentimento, e ele não dá muita bola para esse lado emocional, que ele tem, mas que não é bem desenvolvido. Uma situação que realmente tira a sua pose de autoconfiante é quando percebe que as pessoas são mais inteligentes do que ele, e aí o aquariano se torna mais arrogante ainda, tentando se manter intelectualmente superior.

Muitas das inseguranças desse signo vão ser justamente no campo amoroso e sentimental. Por ter medo de assumir um compromisso, o aquariano prefere ficar distante para não criar laços, fechando-se no seu bloco de gelo. Esse processo é alimentado pela sua desconfiança e pelo receio de se apaixonar e dar errado.

Como se preocupa com o bem coletivo, fica noiado se pensa muito sobre o futuro da humanidade, e isso gera bastante insegurança nele; afinal, não saber se as coisas vão melhorar um dia é de tirar o sono. Ele tem medo de que só fazer a sua parte não seja o suficiente para que todo mundo fique bem.

Por ser um signo de Ar, a inflexibilidade e a rotina vão deixar o aquariano inseguro, pois para ele a autoconfiança vem da liberdade para fazer o que ele quer, de se sentir no poder. Quando se vê em uma situação em que ele se sente preso, a segurança some. ✦

Peixes

Pisciano e insegurança são praticamente sinônimos. Por ser tão sonhador, tem muitos medos, pois a realidade nunca vai ser tão brilhante como seus sonhos. Ele está ciente disso, mas vai lá e faz com medo mesmo. O pisciano se joga com tudo até nas coisas em que ele não está seguro, só pela oportunidade ou porque quer mesmo. Quando está inseguro, ele não se fecha; logo liga para um amigo para conversar sobre o que tá rolando.

O signo de Peixes desmorona quando precisa encarar uma realidade difícil ou lidar com um confronto, até porque ele tem muito medo de não ser compreendido, e isso pode levar a um sentimento de exclusão dos grupos em que ele está.

Ainda no universo dos relacionamentos, a ansiedade social causa muita insegurança no pisciano, justamente porque ele é muito sensível e se sente deslocado em encontros mais sociais. Como não sabe o que fazer, fica desconfortável e se isola para se proteger. Não me entenda mal, Peixes é um signo sociável, mas quando essa noia aparece ele tem dificuldade de ser ele mesmo.

Como se preocupa muito com o bem-estar do outro, o medo de magoar uma pessoa querida lhe assombra a cabeça. O problema é que muitas vezes ele precisa reagir, ser ativo, mas não age por medo de ferir outras pessoas ou porque não sabe lidar com os conflitos. Essa atitude mais passiva (às vezes passiva-agressiva) pode, na verdade, piorar a relação, e aí seu medo se torna real. ✢

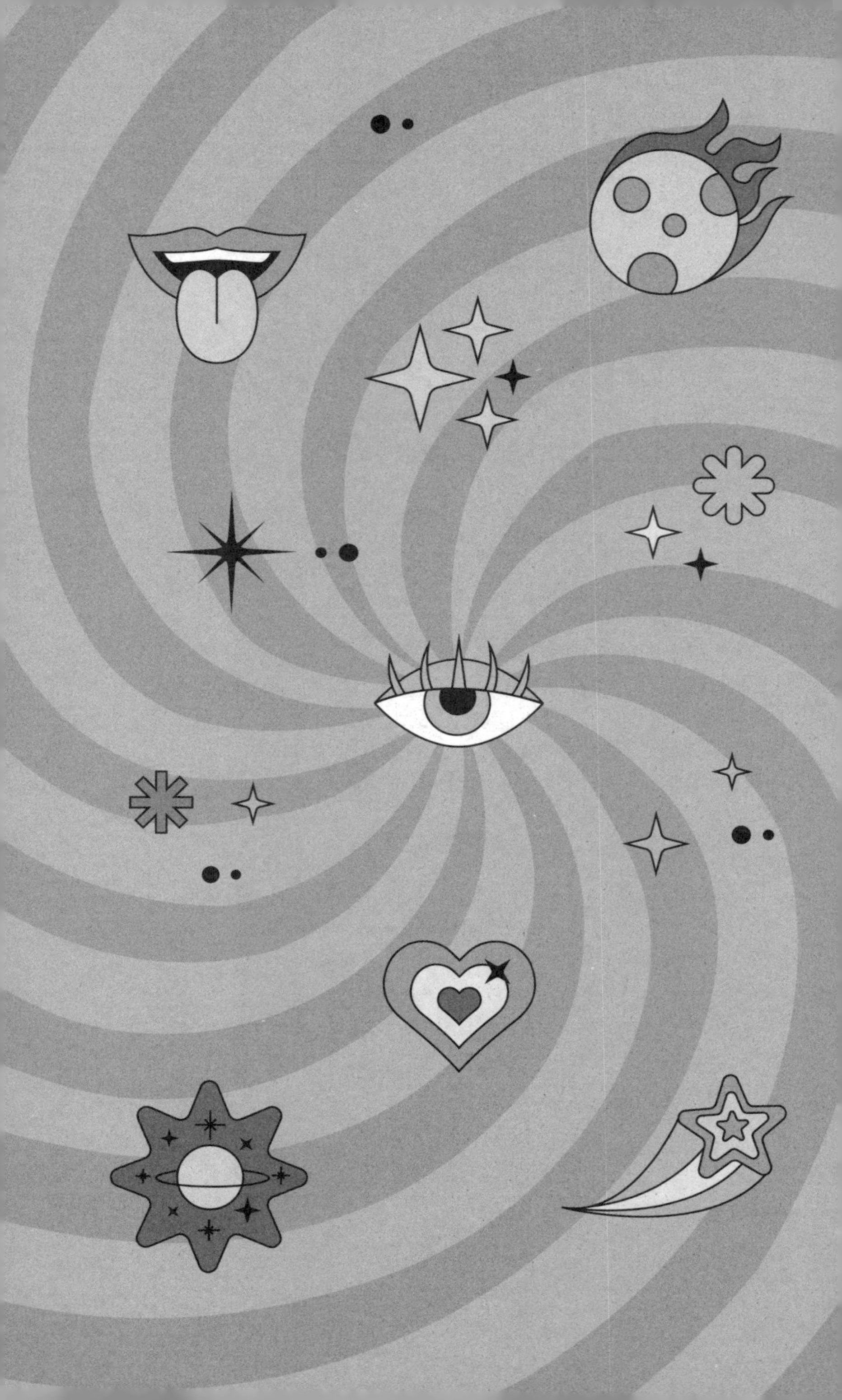

3. Os signos no amor

Ai, o amor... Esse sentimento cheio de nuances, histórias, significados, e que acaba sendo o foco da vida de MUITA gente. Claro que tem sempre um aquariano pra dizer que o amor é supervalorizado (e talvez seja mesmo), mas o que seria da vida sem ele? Quantos filmes não teriam sido feitos? Quantos livros jogados no lixo? Só como argumento válido: os vídeos de maior sucesso da história do Deboche Astral são de temas relacionados à paixão ou ao amor. Ou seja: NÃO TINHA COMO não termos um capítulo só para explicar a relação de cada signo com ele. Então respire fundo e aproveite. Ai, ai.

Áries

O ariano apaixonado é conquistador, gosta de coisas difíceis, e justamente por isso tende a ter o dedo podre, pois escolhe quem não quer nada com ele, só pelo prazer da conquista. Ele gosta de ser desafiado, mas se perceber que a pessoa está enrolando ou fazendo joguinho, já fecha a cara e desiste pela falta de paciência.

Seu jeitinho de amar é suave como um coice de mula. É agressivo, ciumento e competitivo quando gosta de alguém. Não curte gente muito oferecida, prefere sentir que foi ele que conquistou a pessoa – para ele, o jogo de sedução é a melhor parte.

Por isso, combina muito com Libra, que é conhecido por fazer charminho e esperar que caiam nos seus encantos, enquanto Capricórnio e Virgem podem gerar certo ranço em Áries na hora de flertar, por serem ruins nesse joguinho.

Em um relacionamento, o ariano odeia rotina e coisas mornas: é um signo de Fogo, então espera que o outro esteja sempre fervendo por ele, e que nunca caia na monotonia. Mesmo após anos de relação, busca sentir uma paixão forte e duradoura. Ele foge da calmaria e quer pessoas práticas ao seu lado.

No sexo, gosta de inovar e também não curte enrolação. Quer algo fogoso, intenso e de tirar o fôlego. Ah, e que seja uma coisa dinâmica, para ele não ficar entediado. Pode propor loucuras só para sair da rotina e viver uma paixão ardente mais uma vez. ✦

Touro

O amor de um taurino é coberto por segurança, estabilidade e prazeres à flor da pele, ou seja: o amante mais perfeito do Zodíaco é ele! Cheiroso, charmoso, conquista qualquer um com o seu jeitinho romântico de ser. Se você nunca caiu na lábia dele, prepare-se, porque ainda vai cair.

Gosta de parceiros que cozinham, que são cheirosos e sabem demonstrar afeto, e é essencial que eles passem segurança para que Touro possa se entregar de vez no relacionamento.

É um signo que demora para confiar em alguém, mas, quando confia, se entrega completamente, e por isso é muito leal. Ele pode não se apaixonar rápido e não falar "eu te amo" logo de cara, mas pelos atos dele você percebe que está a fim.

O maior problema desse signo é a teimosia, que muitas vezes o faz ficar em um relacionamento péssimo por anos só pela comodidade, pelo medo de perder o conforto de uma relação de longa data.

É o tipo de signo que não tem coragem para terminar, prefere que terminem com ele, porque dificilmente vai largar o osso pelo receio de encarar a mudança. O taurino não gosta de viver o luto do relacionamento, essa parte chata inevitável, então ele prefere manter a relação praticamente só de fachada, a encarar seus sentimentos.

O sagitariano e o geminiano não dão um bom match com o taurino, pois são muito instáveis e soltos, fogem do compromisso e, assim, ele não consegue confiar que vai ter uma relação duradoura. Já Escorpião é a melhor aposta: além do sexo incrível entre eles, o relacionamento vai ser intenso e fogoso, do jeito que eles gostam.

Falando em sexo, Touro entrega uma relação marcante, forte e feita em uma cama macia, gostosa, cheia de sensações. Definitivamente, você não vai esquecê-lo! ✦

Gêmeos

Não é surpresa que o signo mais comunicativo do Zodíaco se atraia por pessoas interessantes, com bom papo e que sabem lidar com as suas quarenta e oito personalidades (ao mesmo tempo).

Ele ama de forma descontraída, com humor e muita conversa, e, como enjoa fácil das outras pessoas, prefere as mais complexas que o entretenham e o agradem em todos os seus humores. Como se expressa por meio da fala e da escrita, é do tipo que manda textão e áudio longo para ouvir na velocidade "dois", e se você não o acompanha, se é muito quieto, ele não vai te dar bola.

Para estar com alguém de Gêmeos, você precisa gostar que te desafiem e aceitar que ele não vai ser um príncipe encantado, todo apaixonado, não, mas que vai ser uma companhia leve e divertida. Se deseja conquistá-lo, saiba que é bem fácil. O difícil é manter o seu interesse, já que, além de instável, qualquer comentário apressado demais pode fazer com que ele saia para comprar cigarros e nunca mais volte.

Não é à toa que tem a fama de pular fora dos relacionamentos com facilidade e rapidez, da noite para o dia. Se a coisa começou a esfriar, a ficar parecendo que todo dia é domingo à tarde, ele já quer terminar. Para Gêmeos, o próximo capítulo sempre traz coisas melhores e cheias de possibilidades, então ele não se apega e mete o pé se perde o interesse.

Um relacionamento com Sagitário pode ser ótimo para um geminiano – ambos são loucos, aventureiros e terão muita história para contar, além de odiarem a rotina. Já Capricórnio dá até arrepios nesse signo de Ar, por ser muito sério e gostar de estabilidade e monotonia... ou seja, tudo que Gêmeos odeia!

No sexo, gosta de coisas e lugares inusitados: a cada transa, parece que você está com uma pessoa diferente. Não estranhe, mas ele gosta de narrar tudo que está fazendo e quer um feedback em tempo real. Então, se espera que ele fique quieto na hora H, é melhor não contar com isso, ou ocupar bem a boca dele... ✦

Câncer

O canceriano ama devocionalmente. Ele nasceu para viver um grande amor, e talvez por isso ocupe o pódio de signo mais carente de todo o Zodíaco. Quando está apaixonado, isso é nítido, pois ele fica no melhor dos mundos, sorrindo por qualquer coisa, bobinho, carismático. E se ele gostar de você, não tem como não saber: ele vai te falar e demonstrar de todos os jeitos possíveis.

O namorado de Câncer se entrega à relação e é muito apaixonado, quer construir uma vida junto, casar e ter uma família, cuidar e ser cuidado. É quase uma relação materna, porque ele é do tipo que vai te ligar para saber se chegou bem, se levou um casaco, se quer uma mantinha...

Para conquistá-lo é bem fácil, é só mostrar que se importa com ele e que quer algo apaixonante e duradouro, que quer ter uma família. Justamente por isso, Aquário deve passar longe dele, pois cancerianos são do tipo que dizem "eu te amo" no primeiro encontro (estilo Ted Mosby, de *How I Met Your Mother*) e isso assusta qualquer um que foge de compromisso. Enquanto Virgem e Capricórnio dão certo com ele, pois querem segurança e estabilidade nas relações, coisa que Câncer adora, e vão trazer mais racionalidade a esse signo tão dramático.

Um detalhe que atrapalha muito a vida dele é o apego ao passado e o drama, que tira qualquer um do sério. Muitas vezes, o canceriano tem dificuldade para superar o passado, ou até mantém o envolvimento com pessoas que não têm nada a ver com ele, lembrando de quando era bom, e isso pode prejudicar muito os seus relacionamentos. Além disso, a carência pode ser um problema se o parceiro dele for mais frio e distante, pois ele vai querer ficar o tempo todo junto e é inseguro quanto a ser amado.

Quando o assunto é sexo, o canceriano prefere algo demorado, com olho no olho, feito na casa dele, com "eu te amo" sussurrado ao pé do ouvido e conchinha para finalizar com chave de ouro. Ele faz tudo que está ao alcance dele para te agradar, te dar prazer. Aliás, ele pode até não ficar satisfeito, mas vai fazer o possível para você se satisfazer. ✦

Leão

Leão nasceu para amar de forma grandiosa, fogosa e intensa. Você definitivamente não vai ter dúvidas de que um leonino te ama, porque ele vai enviar um carro de som para a sua casa declarando o seu amor, vai fazer pedido de casamento público, tudo vai ser um espetáculo. É como acordar todo dia em uma comédia romântica, com ele roubando suspiros apaixonados seus e de todo mundo que está à sua volta.

Para conquistar esse signo tão extravagante, beleza é essencial. Primeiro, ele precisa gostar da sua aparência, e depois tem que se sentir valorizado, ter certeza de que você sabe da sorte que tem por tê-lo. Se não o paparicar ou demonstrar interesse, ele pula fora, porque sabe que merece tudo de bom.

O namorado leonino vai te levar para um hotel caro, lua de mel em Paris, restaurante com estrela Michelin... Ele vai te impressionar a cada momento, com surpresas e tudo do bom e do melhor.

Gêmeos e Aquário são perfeitos para quebrar o ego leonino, o que pode deixá-lo com ranço, mas pelo menos ele evolui no relacionamento. Câncer e Peixes, por outro lado, podem ser péssimas escolhas, pois fazem tudo que o Leão quer, e a paciência dele para o drama dos outros é baixíssima.

Na cama, gosta de um sexo ardente, que deixa claro como ele é desejado pelo parceiro, e até por isso você deve elogiá-lo o tempo todo e mostrar que ele é um deus do sexo. O que não é mentira, pois ele age como se estivesse transando consigo mesmo, e como ele merece o melhor... é bom você se preparar! ✦

Virgem

O amor desse signo é a definição de praticidade: vai levar sua mãe ao médico, fazer sua planilha financeira, pintar o seu quarto antes da mudança... Ele quer melhorar a sua vida e você, e por isso vai ser prestativo e companheiro para qualquer perrengue. Só não espere alguém meloso ou que diga que ama toda hora, pois isso ele não vai ser: o lance dele é se sentir útil, fazer a diferença na sua vida e cuidar de você.

O virginiano é complexo, analítico e criterioso para encontrar alguém que cumpra todos os pré-requisitos dele, e por isso conquistá-lo pode não ser uma tarefa fácil, mas é possível. Se você se mostrar inteligente, organizado, limpinho, deixando claro que está longe de ser perfeito, e que quer a ajuda dele para isso, ele vai se apaixonar. Só que o amor dele é catalogado: ele vai analisar cada movimento seu, cada deslize, para ver se os prós e os contras valem a pena para ele investir ou não.

Áries é um signo que não vai ser muito paciente com ele; a impulsividade de um ariano, além da desorganização, podem ser um problema. Câncer e Peixes, por outro lado, são signos de Água, que trazem todo o lado sentimental que Virgem não tem, já que o signo de Terra o traz para o chão, para as responsabilidades. É um match perfeito!

No sexo, busca a perfeição, então o seu prazer é quase garantido. Gosta da sensação de limpeza, banho tomado e roupa de cama limpa, e justamente por isso não gosta de ser pego de surpresa: quer faxinar a casa antes, fazer depilação, trocar os lençóis... Para ele, transar tem que ter hora marcada na agenda, senão, não rola. ✦

Libra

O planeta que rege Libra é Vênus – o planeta do amor. Então, é um signo que foi feito para amar e te conquistar. Prefere não ir atrás, quer te atrair, naquele estilo da dama que derruba o lencinho no chão, faz charme e pode até só seduzir por seduzir. Você vai sentir que o conquistou, mas foi Libra que arquitetou tudo nos bastidores.

O libriano é muito romântico e dá muita importância para o amor; é até raro ver um deles sozinho. Curte se envolver e viver todo aquele encanto do namoro, mas não dá para você julgar as aparências: mesmo que o relacionamento esteja fracassando, ele sempre vai mostrar estabilidade, harmonia por fora.

Para conquistá-lo pode ser fácil ou difícil: depende. Se quer algo casual, um jogo de flerte, é de mão beijada, pois ele adora seduzir. Agora, se a meta for Netflix em um domingo à tarde, relacionamento duradouro, planejar o futuro... Já é mais difícil. O que atrai Libra são pessoas que falam com calma, pensam nos outros e que são românticas sem sufocar. Nesse sentido, Escorpião pode ser um péssimo match, pois cobra uma intensidade que o libriano não é capaz de entregar. Mas também pode dar certo, pois quando ele quer viver uma paixão, namora qualquer um sem nem olhar o signo.

O maior erro do libriano é, realmente, amar demais: ele não se contenta com um amor, quer ter vários para não perder nada, e por isso se relaciona com qualquer tipo de pessoa, desde que haja harmonia e justiça. Por ter facilidade em se relacionar, muitas vezes começa uma relação sem ter uma paixão, uma conexão. Às vezes, é uma coisa de uma noite que vai evoluindo e, sem perceber, fica sério.

Entre quatro paredes, gosta de ser instigado, adorado. A transa não pode ser feita de qualquer jeito, em qualquer lugar: tudo deve estar lindo, harmônico e preparado para esse amor. Não invente de xingá-lo, nem de dar tapa, porque ele prefere algo olho no olho, com carinho e romantismo. Pode até ser safado, mas nunca perde a pose de galã. ✦

Escorpião

Intensidade, profundidade e obsessão são sinônimos do amor escorpiano. Não quer nada raso ou meia-boca: se não for para se entregar de corpo e alma, ele nem sai de casa, e vai exigir de você a mesma devoção. Esse é o principal motivo que deixa as outras pessoas com um pé atrás com esse signo: saber que, se você não retribuir na medida certa, pode acordar com uma faca cortando a sua jugular.

Como Escorpião é misterioso, você pode achar que ele não está nem aí para você, mas ele nunca vai te mostrar tudo que sente. Então, quando você perceber, estará sob o controle dele. Aliás, o escorpiano mantém esse ar distante para se sentir mais seguro e te deixar desconfiado, refletindo se ele gosta mesmo de você. Ele adora usar esse mistério como arma de sedução.

E não pense que o enigma acaba aí: ele vai te fazer perguntas traiçoeiras para tentar extrair tudo de você, vai descobrir tudo sobre a sua vida de tanto stalkear. O escorpiano precisa saber se a pessoa é digna do amor que ele tem pra dar, que é algo duradouro, fiel, eterno. É até que a morte os separe, e se bobear é até na vida após a morte.

Câncer e Touro são as melhores escolhas para ele: como são fiéis e românticos, fazem com que Escorpião sinta que está em um relacionamento recíproco e verdadeiro, com muita fidelidade. Em contraponto, Gêmeos e Aquário não vão saber lidar com tanto fogo e vão jogar um balde de água fria nesse fervor escorpiano. Para evitar um crime passional, é melhor ficar longe deles.

Para o escorpiano, o sexo não é só algo carnal: é um momento de troca intensa e intimidade, de saber os segredos do outro. Na cama, curte fazer coisas tidas como erradas, que ele não deveria fazer, com algema, chicote, tapa... Se for transar com alguém desse signo, vá com disposição, porque ele vai querer algo arrebatador várias e várias vezes. ✦

Sagitário

O amor de Sagitário é leve, divertido, cheio de aventuras e histórias para contar. Costuma ter relacionamentos mais curtos e bem vividos, com muito agito, bagunça e risadas. Namorar em casa e dormir de conchinha não são para ele.

Conquistar um sagitariano não é tarefa fácil, justamente porque ele quer alguém alto-astral, de bem com a vida, que não cobre muito dele, respeite sua liberdade e individualidade. Signos mais sérios e fechados, como Capricórnio e Touro, não combinam com ele, porque querem tudo certinho e dentro da rotina. Enquanto Áries e Gêmeos trazem a empolgação e animação de que ele precisa para viver todas as suas aventuras, com leveza e loucura.

Se o relacionamento cair na monotonia, ele já não gosta. Quer agito, festa todo dia. Logo, se sentir que está em uma relação parada, todo o brilho dele vai embora. Para manter Sagitário interessado, tem que viver a vida intensamente, com impulsividade e diversão.

Entre quatro paredes também não curte o básico, quer coisas inesperadas, lugares diferentes, outras sensações. É na cama que ele prova que, sim, é um signo de Fogo e tem uma energia quase inesgotável. ✦

Capricórnio

Para esse signo, o amor não é uma pauta importante, o foco dele é na vida profissional, é atingir todos os seus objetivos pessoais e financeiros, aparecer na capa da *Forbes* antes dos 30, sabe? Quando alguém consegue adentrar seu castelo de gelo, tem um companheiro com a linguagem do amor e do serviço: ele vai consertar seu carro, pagar suas contas e te dar toda a segurança do mundo para que você relaxe.

Pode não te dar rosas ou ser meloso, mas será leal, estável e proporcionará um relacionamento duradouro com todas as contas pagas em dia. Além disso, é fiel às suas promessas e não costuma trair: basicamente, o relacionamento é um contrato que ele vai seguir à risca, com seriedade e profissionalismo.

Mesmo passando muita segurança, o capricorniano tem medo de se entregar, de dar errado e ele ficar instável, sem rumo e fora do foco. Então, para quebrar essa barreira, você precisa entender quais são os objetivos dele naquele momento, antes de tudo. Se ele não estiver aberto a um relacionamento, não vai ter nada que você faça que o convença a te dar uma chance, pois ele é focado e não deixa ninguém tirá-lo do caminho que ele traçou. Agora, se o capricorniano demonstrar interesse, prepare-se para um flerte que mais parece uma entrevista de emprego do que um jogo de sedução.

Você vai ter que mostrar seu currículo, antecedentes criminais, e deixar claro quais são suas intenções, para que ele sinta que gastar o tempo dele com você vai ser um bom negócio. E se você não trabalha, não estuda... É melhor nem tentar, porque Capricórnio não é ONG de macho, como diria a Déia Freitas, e não vai querer nada com pessoas desocupadas, que não querem crescer na vida como ele.

Signos de Áries e Gêmeos, que acham essa seriedade toda meio careta, têm ranço dos capricornianos, justamente porque querem viver em vez de ficar controlando tudo o tempo todo. Já Touro e Virgem, que buscam estabilidade e segurança, são o match ideal para esse signo.

Na cama, Capricórnio é fogoso, prefere algo já marcado, até pra não atrapalhar a agenda, e precisa sentir muita segurança e confiança no parceiro pra se entregar e se abrir para o prazer. E, mesmo assim, tudo dentro das regras dele, do jogo dele, e principalmente com todas as expectativas e objetivos alinhados pra ninguém se apaixonar mais do que deve, causando um problema que poderia muito bem ser evitado. Falando assim até parece chato, mas tem potencial para ser bom, acredite! ✤

Aquário

Aquariano e amor não são duas palavras que combinam: toda aquela ideia que a gente tem do que é romance, paixão, carinho pegajoso, nada disso funciona com ele – a questão intelectual e o compartilhamento de ideias para esse signo é muito mais importante do que um carinho físico. Vinicius de Moraes que me desculpe, mas para Aquário dá para ser feliz sozinho, sim.

Se ele estiver a fim de um relacionamento, a pessoa ideal deve respeitar sua liberdade e individualidade, pois, no momento que sentir que está sendo aprisionado... ele vai embora para nunca mais voltar. Por isso, procura alguém que entenda o seu jeitinho diferentão, que lhe passe segurança e que mantenha uma distância, que respeite o espaço dele e que não faça muito drama, já que ele não lida muito bem com o lado emocional.

Para conquistá-lo, invista em assuntos interessantes para criar uma conexão intelectual, não fique pressionando e evite fazer joguinhos, porque ele não vai ter paciência nenhuma para isso. Como não liga para sentimentos, signos de Água como Câncer e Peixes cansam Aquário com tanto drama e cobrança afetiva, e a frieza dele magoa profundamente a sensibilidade de ambos. Por outro lado, Gêmeos e Sagitário têm uma vibe divertida e racional que é muito bem-vinda para o aquariano, além de terem uma ótima conexão mental e assuntos infinitos.

E pra fechar: no sexo, o aquariano pode ser aquela pessoa que gosta de fazer o que ninguém faz, quebrar tabus, propor coisas diferentes, um brinquedo, um *ménage à trois*. Mas pode ser do tipo que acha que o sexo é algo superestimado, que até entende todo o frisson que ele causa, mas vai se excitar mesmo por uma conversa relevante, um debate de ideias, por alguém que seja tão inteligente que ele olhe e pense: "Nossa, eu transaria fácil com esse homem". E o melhor é que você nem precisa ligar no dia seguinte – transa e deixa fluir, e se rolar de novo, ótimo, se não, pelo menos você aproveitou essa oportunidade. ✢

Peixes

Está para nascer um signo que seja tão carinhoso, amoroso e apaixonado quanto Peixes. Tem um amor incondicional e costuma idealizar um conto de fadas, cria histórias na sua cabeça com um desconhecido que viu no ônibus, e, por ser tão aberto, se apaixona muito fácil. Como tem muita empatia, gosta dos que estão sofrendo, sem emprego, com problema de família... Quer salvá-los, e pode até se sacrificar pelo outro, pois para ele amor tem tudo a ver com renunciar a si mesmo de forma devota.

Por gostar de pessoas que estão em um momento delicado e por ser muito altruísta, o pisciano tem que tomar muito cuidado com o dedo podre, para não cair na lábia de gente abusiva. Mas se ele encontrar alguém bacana, vai ser um romance de cinema, estilo Disney mesmo.

Para conquistar o seu coração de manteiga derretida não é difícil, pois para ele a nota de corte é baixa e, mais importante que tudo, é viver um romance avassalador. Mas tome cuidado: o pisciano pode se "desapaixonar" na mesma velocidade com que se apaixona, ainda jogando um *ghosting*, e você nem vai saber por quê.

Não existe match melhor para ele do que um canceriano: vai ser um relacionamento cheio de lágrimas, dramas, mas com muito carinho e compreensão. No lado oposto, a frieza de Aquário e Capricórnio faz o pisciano sofrer além da conta, porque eles não conseguem entender como alguém pode ser tão emotivo, e a falta de sensibilidade e o melodrama vão fazer o pisciano se sentir sozinho e abandonado.

Entre quatro paredes, existe o peixinho calmo e a piranha. O primeiro é romântico, precisa de conexão sentimental e espiritual para conseguir ter prazer e vai se apaixonar antes, durante e depois da transa. Mas também devemos lembrar que piranha também é peixe, e por isso todo o lado passivo pisciano também pode aparecer nessa hora. E aí, meu amor, você pode se deparar com alguém cheio de fogo, que topa qualquer coisa, disposto a fazer tudo pra te satisfazer. Certamente ele vai ficar um pouco apaixonado depois da transa, mas até aí a gente não pode fazer nada, né? Ele que lute. ✦

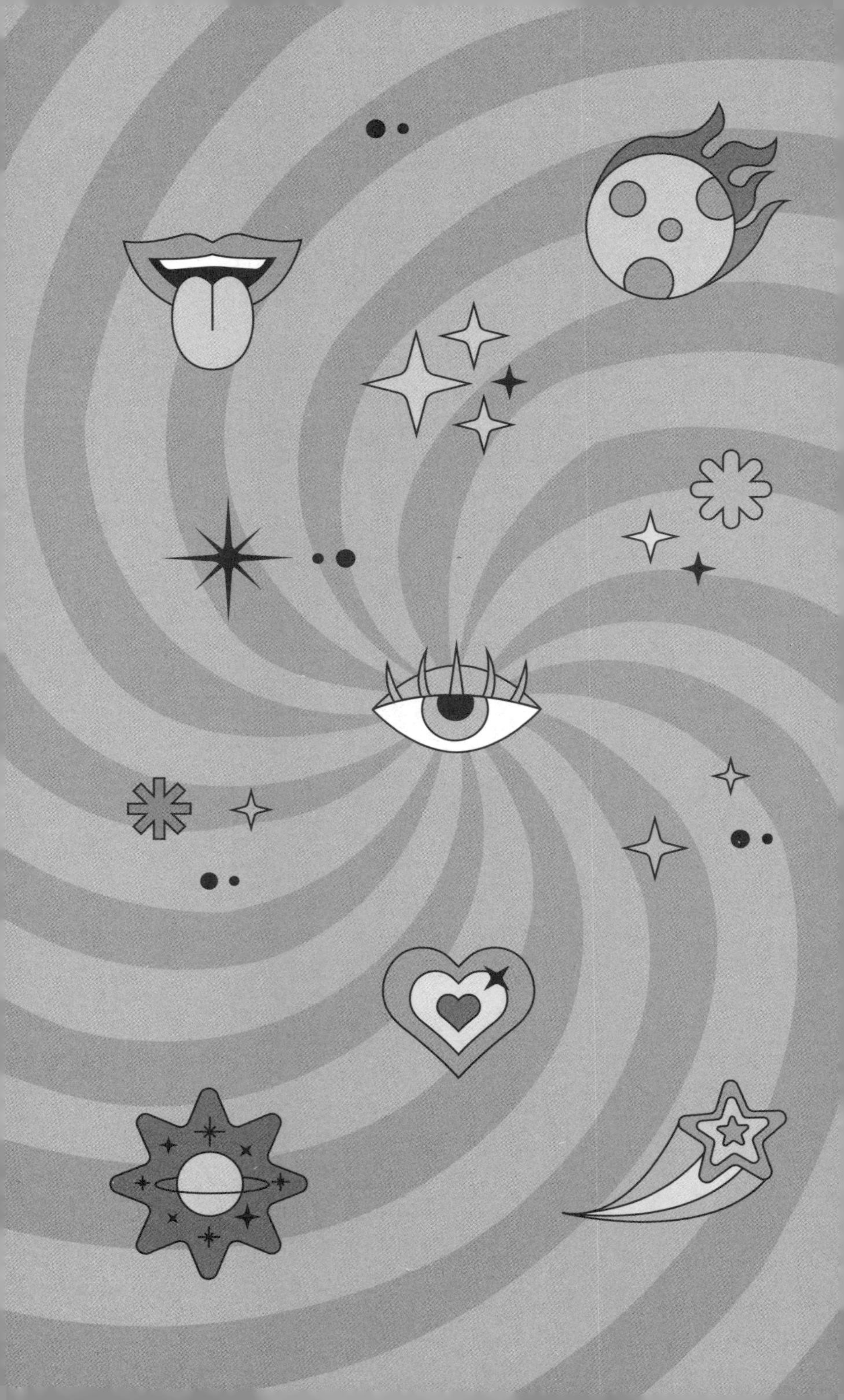

4.
Os signos mudando de casa

Eu já mudei de casa pelo menos vinte vezes na minha vida. Pensando que eu sou uma jovem senhora de 33 anos, isso dá quase uma mudança a cada um ano e meio. Algumas pessoas acham muito, dizem que é loucura, mas eu posso te afirmar que não existe nada mais transformador. Mudar de casa é mudar a sua perspectiva, mudar o ângulo pelo qual você enxerga a sua vida, o que faz com que novas histórias possam ser vividas, novos caminhos possam ser trilhados... E se você não é de um signo de Terra provavelmente concorda comigo, né?

Áries

É fato que o ariano ama novidade e adora se ocupar. Então, mudar de casa não é um problema para ele. Na verdade, chega a ser um motivo de animação.

O problema é que ele não tem paciência nenhuma para se programar e fazer uma mudança organizada e tranquila: vai empacotar tudo na última hora, vai ter prato que vai quebrar porque ele não tomou cuidado, item que ele vai esquecer em casa e vai ter que voltar para pegar... É um pequeno caos, e gera muito estresse para esse signo tão impaciente.

Na maioria das vezes, o ariano vai preferir um lugar que já esteja mobiliado, para evitar o trabalho de ter que comprar os móveis e ter que esperar chegar, para só depois montar tudo. Quer se mudar e já morar, sem ter que fazer mil coisas antes. Também prefere comprar coisas novas a ir lá e empacotar tudo, pela questão do tempo mesmo.

Como adora uma mudança, tende a ser impulsivo e se mudar por qualquer coisa, e isso pode ser um problema para ele, pois nem sempre é a melhor escolha naquele momento. ✦

Touro

Pense em um signo que odeia se mudar: é Touro. Como é muito apegado à casa e ao conforto, tem pavor de fazer mudança e de alterar a rotina. Aliás, é por ter que se adaptar que ele é tão contra se mudar.

Quando um taurino se muda, ele não desapega fácil: fica passando na frente da casa antiga, sente saudade do bairro, das padarias que frequentava, dos restaurantes... Você pode imaginar o esforço de ter que achar novos lugares para comer perto da casa nova? Isso acaba com ele.

Outra coisa que pesa demais para o taurino é ter que mudar toda a rotina dele para se adequar a esse novo lugar, sair da zona de conforto, conhecer novas pessoas... Ele prefere mil vezes gastar melhorando a casa dele a ter que se mudar para uma casa melhor, mesmo que ele gaste mais assim. ✦

Gêmeos

Gêmeos é o signo da mudança, então não poderia ser diferente: o geminiano ama trocar de casa como se fosse trocar de roupa. Aliás, se pudesse, teria cinco casas em lugares diferentes e transitaria entre elas, para não ter uma rotina fechada em um lugar só. Ele gosta tanto de se mudar que o faz porque quer, não porque precisa, já que enjoa das coisas e logo quer uma nova experiência.

Um traço bem positivo desse signo de Ar é que ele é muito desapegado, adora destralhar o armário, fazer doações, jogar coisa fora, fazer a Marie Kondo mesmo: colocar tudo na cama e separar os itens, só deixando o que realmente curte naquele momento.

Além disso, adora se mudar, porque vai saber de todas as fofocas do seu novo endereço, fica animado ao conhecer seus novos vizinhos e estar por dentro de tudo que acontece no bairro. Geminiano é tipo aquelas senhoras que ficam sentadas na rua em uma cadeira amarela da Skol, sabe? Então, ele vai amar estar em um novo círculo de fofocas em que ele não estava inserido antes.

Outro traço comum nele é gostar de mudar os móveis de lugar, mudar a dinâmica da casa e comprar coisas novas. Curte redecorar tudo de acordo com o seu humor; sempre que você for visitá-lo, repare que o sofá da sala pode ter mudado de lugar desde a última vez que você esteve ali. ✦

Câncer

É muito difícil para um canceriano ser desapegado emocionalmente e mudar de casa, sabendo de todas as memórias que ele viveu nesse lugar. O lar para nós, de Câncer, é muito importante, e trocá-lo é como encerrar um ciclo sentimental, é um processo difícil. É como pedir para um caranguejo trocar de casca: não dá certo.

Quando está empacotando suas coisas, o canceriano vai lembrar de todos momentos bons e ruins que aconteceram naquela casa, vai pegar cada item na mão e sentir tudo que ele representa, cada momento vivido. Por isso, diferentemente de Gêmeos, vai ter mais dificuldade em doar suas coisas ou jogá-las fora, sendo considerado um pouco acumulador.

Isso porque o canceriano muda e vai carregando tralhas, cacarecos sem sentido que possuem valor emocional, com a desculpa de que tudo é essencial e marcante. Perder um item é como perder um pedaço da sua história.

É claro que esse processo todo vai acontecer com muito choro, pois encontramos fotos de infância, a roupa que aquele ex-namorado deu, um bilhetinho que escrevemos para o pai. É bem comum que o canceriano tenha uma caixa de memórias em que ele guarda tudo que tem medo de perder ou esquecer conforme for envelhecendo, e ele vai carregar essa caixa para toda casa para onde se mudar. ✦

Leão

Leão adora se mudar para um lugar melhor, maior e mais chique. Vai querer redecorar tudo, criar uma nova estética para a casa nova, e prefere comprar todos os móveis do zero a ter que reutilizar os que já tem. É do tipo que chega a contratar um arquiteto para melhorar o novo lar e oferecer a melhor experiência possível para ele.

Seu prazer é fazer *open houses* para os amigos, mostrar todo o glamour da casa nova enquanto oferece um jantar maravilhoso. Ele ama ser o centro das atenções e gosta de provar que está melhor de vida agora.

Mas essa empolgação só existe quando a mudança é para um lugar mais legal. Se for por motivo de corte de gastos, e o próximo lugar for pior que o atual, vai ser um momento péssimo. O leonino vai querer achar um culpado para a sua piora de situação, pois para ele é muito pesada a sensação de dar um passo para trás e regredir na vida. ✦

Virgem

Pense comigo: o que mais tem numa mudança? Bagunça, sujeira, coisas que quebram e fogem do seu controle. Em resumo, tudo o que um virginiano odeia. Então, ele evita se mudar. Mas, se tiver que se mudar, prepare-se porque vai ter que ser tudo do jeito dele, e tudo milimetricamente calculado, viu?

Somente quando estiver tudo etiquetado, dentro da planilha, previsto no orçamento e com toda a logística organizada, é que ele vai se mudar de vez. Diferentemente de Áries, que vai na loucura, Virgem planeja tudo.

Como toda mudança tem imprevistos e processos que saem do controle, ele sofre com isso e fica muito estressado quando percebe que ninguém vai fazer as coisas do jeito que ele queria. Por isso, fica bem em cima do pessoal da mudança, cobrando o tempo todo.

O lado emocional não abala muito esse signo, o que mais pesa é a desordem, o caos que é se mudar. Então, vai fazer tudo que estiver ao seu alcance para ter a mudança menos estressante possível. ✦

Libra

O libriano é perfeccionista e tem dificuldade de decidir justamente por isso. Mudar de casa não vai ser um problema, ele até vai amar, o problema mora nas decisões que a mudança provoca.

Quando se muda, ele quer a casa perfeita. Sua preocupação é com o design, com a estética de tudo. Se puder, vai chamar um arquiteto para deixar tudo do jeitinho dele. Mas e quando ele termina a mudança e encara a bagunça?

É aí que ele surta e é capaz de morar em um hotel em vez de encarar a realidade da casa. Isso acontece porque ele fica neurótico pensando: "Isso é melhor eu guardar aqui ou ali?", e, por ter que fazer muitas escolhas, fica indeciso e estressado.

Por outro lado, adora mudar para uma nova vizinhança, fazer amizade com os vizinhos e respirar novos ares. Curte mudar a rotina e começar uma nova fase na vida. ✦

Escorpião

Para o escorpiano, não há problema nenhum em encerrar um ciclo e começar outro. Ele não é apegado: quando se muda, começa uma vida completamente nova e se esquece totalmente do outro lugar onde morou.

Se ele passar por um grande estresse emocional dentro de casa, isso já vai ser um ótimo motivo para se mudar. Mas não pense que ele vai se mudar para a esquina; ele vai querer coisas drásticas, pois é intenso e quer tudo diferente, é oito ou oitenta.

Quando é mais desapegado, vai vender as coisas antigas e comprar coisas novas; se não, vai acumular e guardar de modo possessivo seus pertences, pois não confia em ninguém para zelar pelas suas coisas.

Aliás, a desconfiança na hora da mudança é bem presente: o escorpiano não vai querer confiar suas coisas a um completo estranho, então ele mesmo vai querer levar tudo para a casa nova, por medo de ser exposto e descobrirem todos os seus mistérios. ✦

Sagitário

Nômade e amante de viagens, o sagitariano ama mudanças e prefere morar em vários lugares a ter que ficar a vida toda em um lugar só. Se pudesse, nem teria casa, só uma mochila nas costas para poder desbravar o mundo sem estresse.

Como não é acumulador, é fácil empacotar tudo, pois ele valoriza muito mais as experiências do que as coisas materiais, então vai ter poucos pertences e muitas memórias. Doa tudo que não faz sentido ter e é bem desapegado.

No entanto, como Sagitário é estabanado, ele vai quebrar muita coisa na mudança, vai esquecer coisas e fazer tudo na desorganização. A animação de se mudar e viver tantas coisas novas o deixa acelerado e ele perde as coisas importantes pensando nas suas próximas aventuras na casa nova. ✦

Capricórnio

O capricorniano se muda apenas por dois motivos: foi transferido do emprego para outro lugar, ou ele melhorou de vida e quer viver melhor com o fruto do trabalho suado dele.

No geral, vai evitar a mudança porque vai gerar gastos e tomar um tempo que ele não tem disponível. Na verdade, não se importa muito com o local onde mora – sendo bom para trabalhar e não custando muito, está ótimo.

Como é organizado, vai levantar todos os custos de mudar de casa com antecedência e só vai tomar essa decisão se realmente valer a pena. Prefere contratar uma empresa para fazer a mudança, se puder pagar; senão, ele mesmo vai fazer tudo.

Não tem apego emocional à casa, mas costuma morar bastante tempo no mesmo lugar pela praticidade e economia. Se achar um lugar financeiramente mais interessante, se muda sem problemas. ✦

Aquário

Aquário adora ser livre e viver novas experiências, então mudar não é problema para quem é desse signo. Aliás, ele é tão desapegado que poderia viver numa boa em um hostel ou mudar de cidade com frequência sem estresse.

O aquariano vai doar muita coisa na mudança, principalmente se souber que tem alguém que está precisando, justamente porque tem esse senso altruísta de ajudar o outro. Ele não vai se apegar aos móveis ou cacarecos, mas distribuí-los para quem quiser.

Pode ser chato caso contrate um pessoal para fazer a mudança, pois quer que as coisas sejam feitas do jeito correto, ou melhor, do jeito dele. ✦

Peixes

Mudanças são emocionalmente exaustivas para Peixes, considerado o signo mais sensível do Zodíaco. Cada caixinha empacotada é uma lágrima, tudo traz lembranças para ele – sejam boas ou ruins.

Colocar as coisas em caixas é como uma viagem ao passado, são muitas emoções para ele digerir. Até por isso ele é do tipo que carrega tralhas de uma casa para outra, porque tem dificuldade em desapegar de pedaços da sua história.

Diferentemente do seu oposto complementar, Virgem, o signo de Peixes vai se perder na mudança, vai esquecer coisas na casa antiga, não vai etiquetar nada e vai ficar sem saber o que tem em cada caixa até que ele abra uma a uma. Pode quebrar algumas coisas no meio do caminho por ser distraído.

Embora o processo em si de se mudar seja difícil para ele, a emoção de uma casa nova pode ser algo bem positivo. Ele vai ficar sonhando em como esse novo lugar pode trazer coisas boas para sua vida. ✦

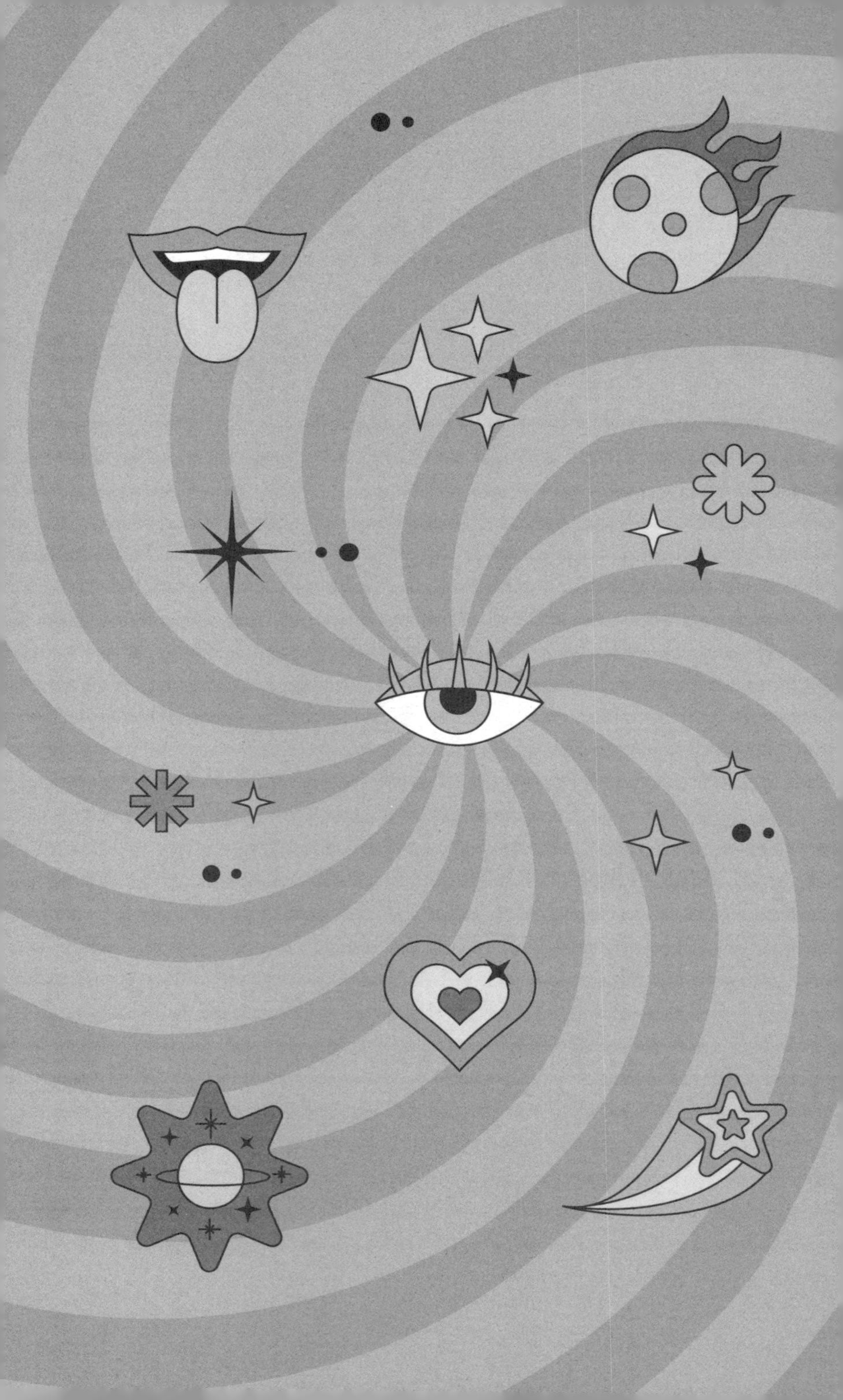

5.
Os signos
e a política

Os Maias estavam certos! O mundo definitivamente acabou em 2012, e nós começamos uma nova era. E o fator que faz com que eu tenha essa certeza é que antes dessa data a gente usava a clássica (e burra) frase "política não se discute". Hoje a gente sabe que política é uma das coisas que mais geram discussão, seja quando tratamos de formalidades, partidos, ou quando encostamos em temas relevantes, pautas sociais, identitárias... Mas eu sei que tem signo que continua com preguiça desse assunto, e alguns que não vivem sem uma briguinha no grupo do zap da família, por isso nada mais justo que discutirmos isso agora.

Áries

Áries é oito ou oitenta quando o assunto é política: ou ele não se interessa muito, por envolver o trabalho de pesquisar, ouvir muitos lados, ir a fundo; ou ele vai defender o seu candidato com unhas e dentes, com agressividade.

Quando ele tem posicionamento político, exerce-o com violência. Então, se alguém o confrontar, ele vai brigar até provar que está certo, mesmo que ele não tenha argumento nenhum.

O ariano vai ter dificuldades de ouvir outras pessoas com pensamento contrário ao dele quando o assunto é política, e quer estar certo acima de tudo, até da razão. E é do tipo que cria intrigas no grupo da família, de onde pode até ser expulso em períodos eleitorais. ✦

Touro

Touro é um signo conservador, com muita dificuldade de ver que a Elis Regina estava certa: o novo sempre vem, e é importante abraçar a mudança para ver uma melhora na política. Por isso, o taurino é cabeça-dura e teima até o fim no seu posicionamento, ignorando que o mundo ao redor dele mudou.

Mesmo que haja dados que contraponham a perspectiva dele, não dá o braço a torcer por nada, e teima mesmo que saiba que está do lado errado da discussão.

Geralmente, vai apoiar um candidato por muitos anos. Não é do tipo que muda de partido. Gosta de ter uma opinião estável, duradoura e confortável, então raramente muda seu posicionamento político. ✦

Gêmeos

Quando o assunto é política, Gêmeos não vê problema em mudar de posicionamento e escuta todos os lados. Na verdade, pode mudar muito de opinião de acordo com as informações que surgirem.

O geminiano é maleável para aprender sobre política sem receio de ouvir opiniões contrárias, aliás, ele é bem antenado, gosta de acompanhar entrevistas, podcasts, tudo que tem direito para ficar bem informado.

O perigo acontece quando ele acredita em tudo que lê sem verificar as fontes, e aí pode espalhar fake news com facilidade nos seus grupos de família e amigos. Ou até pode escutar uma fofoca e espalhar, sem saber se é verdade. ✦

Câncer

O canceriano se importa com a política de forma pessoal. Na hora de decidir quem vai apoiar, ele avalia muito bem como a decisão vai afetar sua vida e a da sua família. Se ele descobre que um determinado posicionamento vai trazer consequências negativas para as pessoas que ele ama, já não curte aquela plataforma política e constrói uma opinião forte contra ela.

Quando Câncer defende seu lado político, ele gosta de expor a motivação pessoal que o fez pensar daquela maneira, e faz isso com argumentos bem fortes. No geral, procura candidatos com propostas que vão beneficiar o coletivo e o seu lar diretamente.

Como o seu interesse por política é mais pautado no campo familiar do que em outras áreas, ele pode acabar não se envolvendo muito com assuntos que não sejam tão relevantes para a sua realidade. ✦

Leão

Não é muito comum um leonino se preocupar com política, pois ele pensa mais em si mesmo. Diferentemente de Câncer, que costuma avaliar como as decisões políticas afetam sua família, Leão já pensa mais no seu próprio bem-estar antes de verificar questões mais voltadas para o coletivo.

Geralmente, ele só segue sua vida, sem se preocupar com questões políticas ou se aprofundar no tema, a não ser que ele seja beneficiado de alguma forma.

Mesmo quando assume um posicionamento político, o leonino não é de discutir; ele simplesmente não está aberto a mudar de ideia. Assume que os outros estão errados e segue com a sua opinião inabalável. ✦

Virgem

O nativo de Virgem se interessa por política, porque é um assunto sério e relevante, além de poder melhorar a vida das pessoas. Ele procura argumentos e dados científicos para embasar a sua opinião e adota uma postura supercrítica para defendê-la.

Como é pesquisador por natureza, costuma identificar o que é fake news e logo mostra a notícia real, pois não suporta mentira e desinformação. Sempre tem uma base de dados quase inesgotável com os fatos reais e te corrige se você falar algo absurdo, que ele consiga provar que é fake.

Mesmo com tanto conhecimento para argumentar, não curte discutir política. Para o virginiano, é mais interessante apresentar os fatos e deixar a outra pessoa formar a própria opinião em vez de lutar com unhas e dentes para impor seu pensamento. ✦

Libra

Embora seja bem indeciso, quando o assunto é política, Libra é muito democrático e decidido. Ele faz diplomacia entre todos os lados e é superpacificador.

O libriano percebe aquilo de que ele e o mundo estão precisando, ao mesmo tempo que se questiona sobre o que é certo e errado. Ele faz tudo isso pensando no caminho do meio, na alternativa que mais trará equilíbrio para ele e para o coletivo.

Não é de brigar por política. Na verdade, vai na direção contrária: é ele quem vai apaziguar os ânimos em uma discussão. Aliás, uma coisa bem típica de Libra é a politicagem, ou seja, a tendência de ir pelas beiradas e fazer acordos que satisfaçam a todos, como uma maneira de atingir o balanceamento perfeito. ✦

Escorpião

Escorpião leva seu posicionamento político muito a sério, pois é um assunto profundo, que impacta bastante a vida de todo mundo. O interesse dele também acontece porque sabe que a opinião política de uma pessoa diz muito sobre ela.

O escorpiano demonstra sua opinião de forma incisiva para não perder o seu poder e controle sobre as discussões. A conversa só acaba quando você assume que está errado diante dele, depois de muita humilhação.

No geral, ele tem um jogo de manipulação muito forte e pode acabar usando essas artimanhas para te convencer de que ele está certo, até porque seu lado intenso e vingativo está sempre presente, então não vai aceitar que você pense diferente dele. ✦

Sagitário

Existem dois tipos de sagitariano: o que não vai ligar para política porque não está nem aí e o que tem uma opinião forte e dogmática, e que faz questão de convencer todo mundo de que só existe uma verdade absoluta.

Sagitário é o dono da verdade e teimoso por natureza. Então, não aceita opiniões contrárias à sua. Se ele resolve entrar numa discussão sobre política, é porque tem certeza de que está certo. E, terminada a troca de ideias, dificilmente muda seu posicionamento.

Mas, diferentemente de alguns outros signos, o sagitariano, além de provar estar certo, vai querer te mostrar, inclusive com um certo deboche, que você não consegue entender o lado dele não porque você é ignorante, e sim porque é burro mesmo. ✦

Capricórnio

Capricórnio é o signo que curte assuntos considerados sérios, como a política e as formas como ela afeta a vida. Como é mais ligado à matéria, o capricorniano pensa no capital, nos objetivos e ganhos pessoais.

Por ter um perfil mais prático, se o capricorniano percebe que precisa se posicionar sobre um tema que ainda não domina, ele pesquisa, elabora suas ideias e define sua opinião a respeito. Sabe defender o que pensa de forma madura e séria; no entanto, não é de brigar por política.

Um tema que muito interessa ao capricorniano é o dinheiro. Então, ele vai se aprofundar nas propostas econômicas dos candidatos, além de saber tudo sobre os esquemas de corrupção e lavagem de dinheiro. ✦

Aquário

Altruísta e preocupado com o mundo ao seu redor, Aquário manifesta seu senso de responsabilidade na política: adora se engajar nas causas sociais e gosta de candidatos que beneficiam todas as pessoas, não só um grupo seleto e privilegiado.

Crente de que está certo, o aquariano tem posicionamento fixo e não muda de opinião facilmente. Afinal, o lado que ele apoia é o certo e ponto – não importa o que você acha. Ele pode ser grosseiro, justamente por não ligar para o que as outras pessoas pensam.

Além disso, adora entrar em uma discussão política, porque se interessa pelo diálogo sobre o assunto, mesmo que não dê o braço a torcer. Tem um lado mais rebelde, de ir lá e quebrar tudo. Isso faz com que ele assuma o papel de revolucionário, bem *prafrentex*, sem medo do novo. ✦

Peixes

Distraído, o pisciano não é muito antenado em política, porque é algo que ele julga ser complicado, que gera conflito, e ele não sabe lidar muito bem com isso. Para Peixes, o mundo político é pautado pela compaixão e pelo amor universal.

Ele sabe que falar sobre política deixa o clima pesado, então nem levanta a questão. Mas se está em uma discussão, pode trazer a conversa para esse viés mais humano, de pensar no outro, o que é bem positivo.

O pisciano não costuma pesquisar sobre política, porque é algo trabalhoso, que precisa de atenção e que pode deixá-lo sensível – afinal, ele vai sentir a dor de cada pessoa que foi impactada negativamente por determinada ação política. ✦

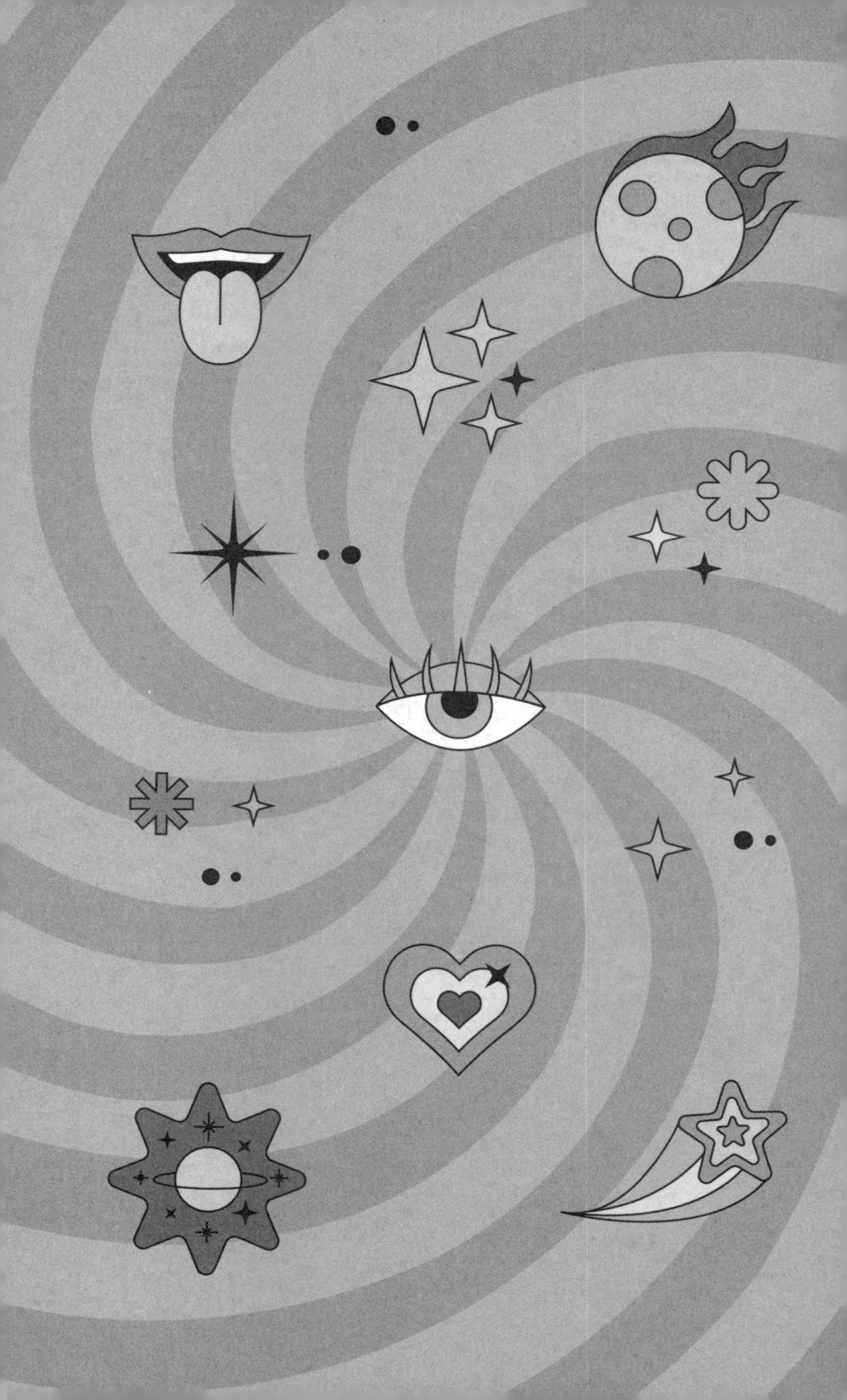

6.
O ciúme de cada signo

Tem gente que defende a tese de que um pouco de ciúme vai bem, tem gente que acha que ciúme é sintoma de amor, e tem gente que é ciumenta mesmo com orgulho e ai de você se vir com papinho de relação aberta, não monogamia... Eu tenho pra mim que ciúmes é uma grande perda de tempo, e que muitas relações poderiam ser mais saudáveis se a gente conseguisse deixar esse sentimento de lado e entender que o ciúme é um problema de quem sente, não de quem se relaciona com o ciumento. Mas será que estamos preparados pra essa conversa? Vamos tentar né... hehe

Áries

Competitivo e amante de discussão, Áries é o tipo de signo que expressa o ciúme imediatamente, e qualquer coisa pode gerar esse sentimento. Na real, o ariano até gosta disso, porque é a sua chance de causar um barraco e fazer uma cena.

O seu ciúme aparece se ele se sente inseguro por alguém que pareça mais interessante, que pode ganhar dele em alguma coisa, seja em beleza, intelectualidade ou outra característica. O ariano sente necessidade de provar que é o melhor o tempo todo. Por isso, o ciúme é uma forma de competir e ver quem ganha a briga.

Se ele se sentir ameaçado, pode ter certeza de que não vai tentar disfarçar e, sem nenhum pudor, vai fazer o maior barraco na frente de todos. O famoso "a gente conversa em casa" não existe para um ariano: ele não leva desaforo para casa, e vai te expor em qualquer lugar. É aquele que grita: "por que você está olhando pra essa vaca?" no meio do supermercado, justamente porque quer resolver a situação logo.

Ele vai surtar com você e com a outra pessoa também, porque não tem tempo a perder não, tá? Ele fala na cara mesmo! Às vezes é só pela treta, mas fala. Por isso, se Áries estiver com ciúme, você não precisa perguntar para saber: ele vai demonstrar isso gritando, chutando e socando o travesseiro, ou a sua cara. ✦

Touro

Touro ocupa o primeiro lugar no ranking de mais ciumentos do Zodíaco, e também é o mais possessivo de todos. Ele acha que você é dele, só por estar com ele. Essa relação de posse pode ser tão forte que chega uma hora em que ou ele vai fazer uma terapia e melhorar isso, ou você vai ter muita dor de cabeça, porque até da sua sombra o taurino vai ter ciúme.

Como tudo que o taurino quer é tranquilidade, o ciúme é uma coisa que ele odeia sentir, e, somando isso ao orgulho, não vai demonstrar o sentimento com facilidade. No entanto, ele vai querer saber o tempo todo com quem você está, o que está fazendo, e por aí vai.

A possessividade é mascarada pela proteção de quem ele ama. Por isso, uma dica para esse signo é namorar pessoas em que ele confia demais. Assim, evita-se que o ciúme piore a relação.

Mas, se mesmo assim ele sentir ciúme, sai de baixo, porque será tenso! Caso você dê motivos para ele achar que você não está passando segurança para ele, ou está dando sinais de uma traição, o drama virá carregado de teimosia. Para o taurino, é muito real que você o está traindo e pronto. Convencê-lo do contrário vai ser um desafio, porque ele vai teimar com tudo. Tudo mesmo!

Sendo bem sincero, o pior lado do taurino é realmente esse ciúme desproporcional, que pode até ser abusivo para os seus relacionamentos. O lado bom é que pra tudo existe terapia, que é uma coisa que todo taurino possessivo deveria fazer. ✦

Gêmeos

Como bom signo de Ar, Gêmeos não se preocupa com ciúme, esse sentimento que nós, simples mortais, temos. O que pode gerar ciúme nele é quando você para de ouvi-lo, deixa de conversar ou até mesmo o ignora para falar com outra pessoa. Lembra da Ivete Sangalo no meio do show falando no microfone para o marido dela na plateia: "Quem é essa aí, papai? Tá cheia de assunto, hein?". Pois bem, ela representou cem por cento os geminianos nessa cena icônica: sente o ciúme, fala sobre ele e resolve em trinta segundos.

Possessividade não combina com o geminiano, muito menos o apego. Então, tem muito mais chance de ele te dar motivo pra ficar com ciúme do que de ele te cobrar algo. O que é ótimo para signos como Sagitário, que odeia as cobranças que existem dentro de um relacionamento.

Quando sente ciúme, o geminiano pode ser aquele que fuça no celular e nas mensagens da pessoa, não só pela sede de respostas, mas também pela fofoca em si, né? Também pode jogar um verde na conversa para conseguir fazer com que a pessoa entregue a traição. E aí, é bem provável que ele termine mesmo, porque é bem desapegado. Ele sabe que o futuro guarda coisas boas para ele, então aproveita a situação para conhecer um monte de gente nova. ✦

Câncer

O canceriano sente um ciúme de mãe, a ponto de fazer comentários carregados de manipulação, do tipo passivo-agressivo. É aquele comportamento que aparece em frases como: "Vai lá, pede para o fulano fazer, já que você está tão próximo dele...", que são jogadas no meio de um jantar tranquilo, sabe? Puro suco de drama.

Existem dois tipos de canceriano ciumento: o que fica deitado pensando nisso, calado, enquanto o sentimento amarga dentro dele, e aquele outro que, quando começa a sentir ciúme, já solta um "você tem alguma coisa para me contar? Você está feliz no nosso relacionamento?". Então, rola um dramalhão da parte dele, e pode ser difícil lidar com isso.

Diferentemente de Gêmeos, quem é de Câncer não costuma resolver o ciúme na conversa; em vez disso, já parte para a DR. Isso acontece porque ele tem todo um processo antes de comunicar o que está sentindo: primeiro se sente inseguro, desconfia, depois guarda esse sentimento pra ele e já começa a arquitetar todo um roteiro de traição, mentiras e falsidades. Daí, antes que a pessoa possa se explicar, ele já mete um "depois de tudo que eu fiz por você...". O problema é que, na maioria das vezes, isso só existe na cabeça dele. Então, é bom que ele aprenda a falar o que está sentindo antes de inventar toda a história, porque senão... O ciclo de brigas nunca acaba.

Quanto ao que pode causar ciúme nele, a resposta é: absolutamente tudo, porque o canceriano é muito inseguro e carente – logo, qualquer pessoa já parece melhor escolha que ele. E não pense que esse ciúme acontece só com pessoas que fazem parte da sua rotina – como Câncer cria laços para a vida toda, esse sentimento pode surgir de alguém do passado ou até de alguma pessoa com quem ele fantasiou uma história, mas que nunca aconteceu.

Esse ciúme todo tem um nome: carência. O canceriano precisa se sentir amado o tempo todo, e quem está com ele que lute para suprir essa demanda pesadíssima. Se a pessoa não mandar mensagem de bom-dia no mesmo horário de sempre, a cabeça dele já fica cheia de noias, e aí... senta que lá vem o drama! ✦

Leão

Leão tem uma relação curiosa com o ciúme: se ele vir que alguém está gostando do seu namorado, vai até gostar, por sentir que estão desejando algo que só ele tem, e que deve ser admirado mesmo. Mas isso não quer dizer que ele não sente nada, ele só é orgulhoso demais para demonstrar.

O sentimento pode surgir quando aparece um leão com a juba maior que a sua, mais interessante ou mais bonito. Não que o leonino vá assumir isso, pois nesse caso teria que admitir que pode existir alguém melhor que ele, mas vai ficar doído por dentro.

Quando sente ciúme, pode passar uma imagem de desapegado e autoconfiante, quando na verdade está superinseguro e com medo de que o deixem sozinho. Ele pode até terminar o relacionamento com classe e sair postando fotos todo lindo e solteiro em Paris, mas por dentro estará chorando.

Também existe o leonino que faz um show quando fica ciumento, no estilo "você me obrigou a dar na cara dela!", e arma o barraco na frente de todo mundo. Se você está com um leonino e quer acalmar essa insegurança toda que ele está transbordando, saiba que precisará mostrar interesse o tempo todo. Ah, e deixe claro que no seu coração só tem espaço para um rei: ele mesmo. E talvez a Beyoncé. Ele vai entender. ✦

Virgem

Virgem não é um signo muito ciumento, não. Ele pensa mais ou menos assim: "Se a gente já namora, já é casado, por que dar trela para essa bobagem de ciúme?". Não é algo racional, logo, não cabe na agenda dele. Por isso, quando sente ciúme, não tem ideia do que fazer.

O ciúme virginiano não é da pessoa mais interessante ou mais bonita, mas sim da pessoa mais útil e prestativa que ele. Se você namora um virginiano e procura ajuda de fora, por exemplo, pedindo para outro cara levar você ao médico... O namorado virginiano se sente rejeitado e inútil. E, na verdade, não sabe lidar com esses sentimentos.

Apesar de se sentir inseguro, ele pode não te falar nada sobre o ciúme e preferir guardar isso para si, por achar que é uma coisa da cabeça dele, algo irracional. Aí, quem vai falar são as doenças psicossomáticas: a coluna trava, dá dor de barriga, gastrite... Tudo porque ele não fala sobre os seus sentimentos, por considerá-los mesquinhos e sem importância.

Por outro lado, caso seja mais comunicativo, o virginiano pode te apresentar todos os dados para justificar por que ele está certo em sentir ciúme, e nem sempre esse sentimento vai surgir de algo que já aconteceu. Muitas vezes ele pensa em cenários que não existem, para estar preparado quando chegar a hora. Isso o faz imaginar algumas situações que o deixam mais ciumento, e ele vai te contar para poder evitar que aconteçam.

O lado bom do ciúme de Virgem é que ele já escolhe pessoas para se relacionar que passam uma confiança maior, para evitar esse sofrimento todo. No entanto, caso role ciúme, ele te exponha os fatos e você ignore, é provável que ele termine o relacionamento. Afinal, para o virginiano, se sentir seguro na relação é alta prioridade. ✦

Libra

O libriano causa mais ciúme do que sente. Por causa do seu jeitinho encantador, parece que está flertando com todo mundo, mas essa é só a forma como se relaciona mesmo, na expectativa de que todos gostem dele. Não se esqueça de que ele é inseguro e isso pode torná-lo ciumento – mesmo que não demonstre, para não acabar com o equilíbrio do relacionamento.

Se o libriano sentir que você não está validando quem ele é ou o que faz, que não está sendo amado e aceito, qualquer "oi" diferente que o namorado der pra alguém já pode ser um gatilho. Para evitar que isso ocorra, você precisa sempre mostrar apoio. Assim, ele não terá dúvida de que é amado.

Como é racional, sabe que o ciúme é pura vaidade e que qualquer briga já pode arruinar a harmonia do casal. Então, em vez de conversar sobre o sentimento, ele vai criar toda uma história na cabeça e pode até trair o parceiro, sob o pretexto de que "ele já está me traindo mesmo", ainda que isso não seja verdade. Quando você se der conta, ele já tem outra família, com esposa, três filhos e um labrador. E você nem o traiu!

Caso seja você a sentir ciúme de um libriano, o ideal é que tente lidar com a situação do jeito mais racional possível, com conversas em vez de DRs, para que ele não sinta que o equilíbrio do relacionamento está sendo questionado. Por outro lado, mesmo que você procure lidar com leveza, ele ainda pode se fazer de desentendido e tentar te provar, com muita diplomacia, que não tem motivo para isso, que ele só estava sendo ele mesmo. ✦

Escorpião

O ciúme é quase inerente a todo escorpiano, ainda mais porque ele ama ter controle sobre os outros, e saber que o namorado pode estar se doando menos ao relacionamento por causa de outra pessoa vai deixá-lo louco.

Na sua cabeça, a partir do momento em que a gente vive uma relação, ambos precisam ser sinceros e muito, muito fiéis. Então, vai ficar esperando que você ofereça isso a ele. Mas o lado desconfiado de Escorpião vai suspeitar até da sua sombra, porque ele sempre acha que tem algo que não está sendo dito. Por isso, acaba sendo aquele que fuça seu celular, ouve atrás da porta e cheira sua cueca pra ver se você não andou passeando no jardim do vizinho.

No entanto, mesmo sendo superpossessivo e intenso, ele não vai fazer escândalo ou ter crise de ciúme – afinal, isso seria assumir que perdeu o controle sobre você, o que para ele é inadmissível. Por mais que esse ciúme esteja bem escondido, ele vai ter que descobrir se está certo ou não, ainda mais porque, se a intuição dele fala algo, ele precisa verificar.

Mesmo sem demonstrar ciúme para você, o escorpiano vai instalar aplicativo espião no seu celular, decorar a senha do seu notebook só de olhar com o canto do olho e, se puder, vai até contratar um detetive para te seguir. Talvez ele faça tudo isso e você nem fique sabendo, principalmente se esse esforço todo não der em nada. Mas se ele descobrir algo suspeito... esconda todas as facas da casa e durma com os olhos bem abertos, porque a vingança vem, ainda que demore. Afinal, para ele esse é um prato que se come frio.

Para lidar com o ciúme de Escorpião, o melhor é não dar motivo para que o sentimento nasça, porque a coisa realmente pode sair do controle muito rápido. Então, procure estar sempre alinhado com a intensidade do parceiro, entregando-se de corpo e alma à relação, para que ele não fique mais desconfiado do que naturalmente já é. Mas vale sempre lembrar que o ciúme é um problema para quem sente lidar com ele, não quem é o alvo desse sentimento péssimo. ✦

Sagitário

Ciúme não é a praia do sagitariano, não, até porque ele prefere a tranquilidade e não quer se preocupar com esse sentimento. O que ele quer mais é curtir o relacionamento, sem pressões nem dor de cabeça. O que vai deixá-lo ciumento é se a pessoa com quem ele namora começar a ter aventuras com outros sem ele.

Na real, é um ciúme misturado com inveja, porque ele não quer perder nada. Então, se você fizer uma trilha com outra pessoa, ou uma viagem com amigos sem o sagitariano, vai rolar um ciumezinho, sim, mas ele só vai demonstrar fazendo uma piada ou outra sobre isso, com um fundo de verdade.

No entanto, por agir no impulso e sem pesar as consequências dos seus atos, ele pode deslizar (e muito) quando o assunto é fidelidade. Por ser desapegado e aventureiro, pode cometer erros quando está bêbado ou entediado demais.

Aliás, um dos motivos pelos quais o relacionamento com um sagitariano pode durar pouco é que ele tem dificuldade de agir com responsabilidade, de respeitar os limites da vida a dois e, por isso, foge das cobranças. Talvez um relacionamento não monogâmico seja mais interessante para ele do que algo exclusivo.

Se você está com ciúme de Sagitário, fazer ceninhas e demonstrar que quer controlar a situação não é a melhor estratégia: não se esqueça de que ele é de um signo de Fogo e odeia se sentir aprisionado, dominado por outra pessoa. O melhor é agir de forma mais racional e leve, para ele sentir que ainda está no controle da situação. ✦

Capricórnio

Para Capricórnio, sentir ciúme é uma coisa super 2006. Ele acha que é coisa de adolescente desocupado ficar se importando se a pessoa está de flerte com outra ou não. Ocupado demais com a vida profissional, não tem espaço para sentimentos supérfluos como o ciúme.

Para o capricorniano, o que vale é o que foi combinado com o parceiro: se a gente acordou que nenhum de nós vai ficar com outras pessoas, então é isso que vai ser feito e ponto-final. Ele nunca vai deixar de responder a um e-mail superimportante pra ficar pensando se o companheiro conversou com alguém no Instagram. Não faz sentido, até porque drama não é com ele.

A questão não é que Capricórnio não sinta ciúme – ele só vai evitar demonstrar isso, para não sair da pose de maduro e sério da relação. Uma situação que vai deixá-lo enciumado é se você começar a conviver com alguém que conquistou mais coisas que ele, que está mais bem de vida ou lhe é superior de alguma forma. Isso vai tocar na insegurança capricorniana e pode ser que ele tenha medo de ser trocado por essa pessoa, por ela ser mais vantajosa para você do que ele.

Caso o ciúme apareça e ele perceba que esse sentimento não vai passar, vai repensar a relação, pesando os prós e os contras para decidir se vale a pena levá-la adiante. Se você não passar confiança, ele vai preferir terminar a manter algo instável e sem futuro. ✦

Aquário

O aquariano tem até vergonha de sentir ciúme de vez em quando, pois acha esse sentimento banal e símbolo de posse, coisa que ele repele demais. Ele prega a liberdade, a leveza e a individualidade, então o ciúme vai contra tudo em que acredita.

Afinal, trata-se de um sentimento humano, que exige uma emoção e um drama que o aquariano quase desconhece. Mas, como ninguém é de ferro, se você começar a se aproximar de pessoas muito inteligentes, com ideias inovadoras e progressistas, e de alguma maneira deixar o aquariano de fora de discussões interessantíssimas, aí ele vai se sentir deixado pra trás. Então, pode rolar um sentimento novo, alimentando uma neura de "será que eu estou sendo traído?". Talvez o aquariano não consiga lidar muito bem com isso, mas você nunca vai saber – porque ele não vai te contar.

E sabe por que ele não vai demonstrar? Justamente porque isso seria assumir o sentimento e permitir que você também o sinta, invalidando toda vibe de desapego que ele tanto valoriza. A última coisa que ele quer é mostrar que existe posse e cobrar algo de você. Por isso, mesmo que desconfie de algo, o aquariano não vai te falar.

Ele pode até preferir relacionamentos não monogâmicos, justamente por querer leveza e não ligar para ciúme, ainda mais se for para o ciúme do outro, com o qual ele não quer lidar. Por isso, para se relacionar com um aquariano, esteja consciente de que ele não é de ninguém além dele mesmo. ✦

Peixes

Peixes vive no mundo da lua, o que justifica tanto o ciúme que causa nos outros como o ciúme que ele tem pelas situações que inventa na sua cabeça e fica alimentando.

Ele viaja o tempo todo, criando as mais variadas histórias. Logo, na relação não seria diferente. Uma curtida incomum em alguma foto, e o pisciano já vai criar toda uma novela dentro da cabeça dele, e daquelas bem exageradas, com direito a outra família, filhos, revelações bombásticas...

É típico desse signo criar caso até com o que não existe. Se bem que Peixes é o signo mais sensitivo do Zodíaco, então, quando ele desconfia... geralmente, está certo. Cuidado, hein? Se liga!

Quando o pisciano sente algum ciúme, é daquele bem infantil, de fazer drama, chorar até dormir, e ele vai fazer questão de te mostrar seus sentimentos, justamente porque ama fazer o papel de vítima. Vai sofrer se a sua desconfiança estiver certa – mas se estiver errada, também. Isso porque, para ele, todo mundo vai sofrer, como dizia a rainha Marília Mendonça.

Mesmo sendo tão inseguro, o pisciano também causa muito ciúme nos outros, porque se apaixona bem fácil, e é capaz de esquecer que está namorando e ficar com outra pessoa. Como é desligado, nem sempre percebe quando estão dando em cima dele; então, quem está ao seu lado tem que ser bem desapegado para lidar com seu jeito distraído e dramático de ser. ✦

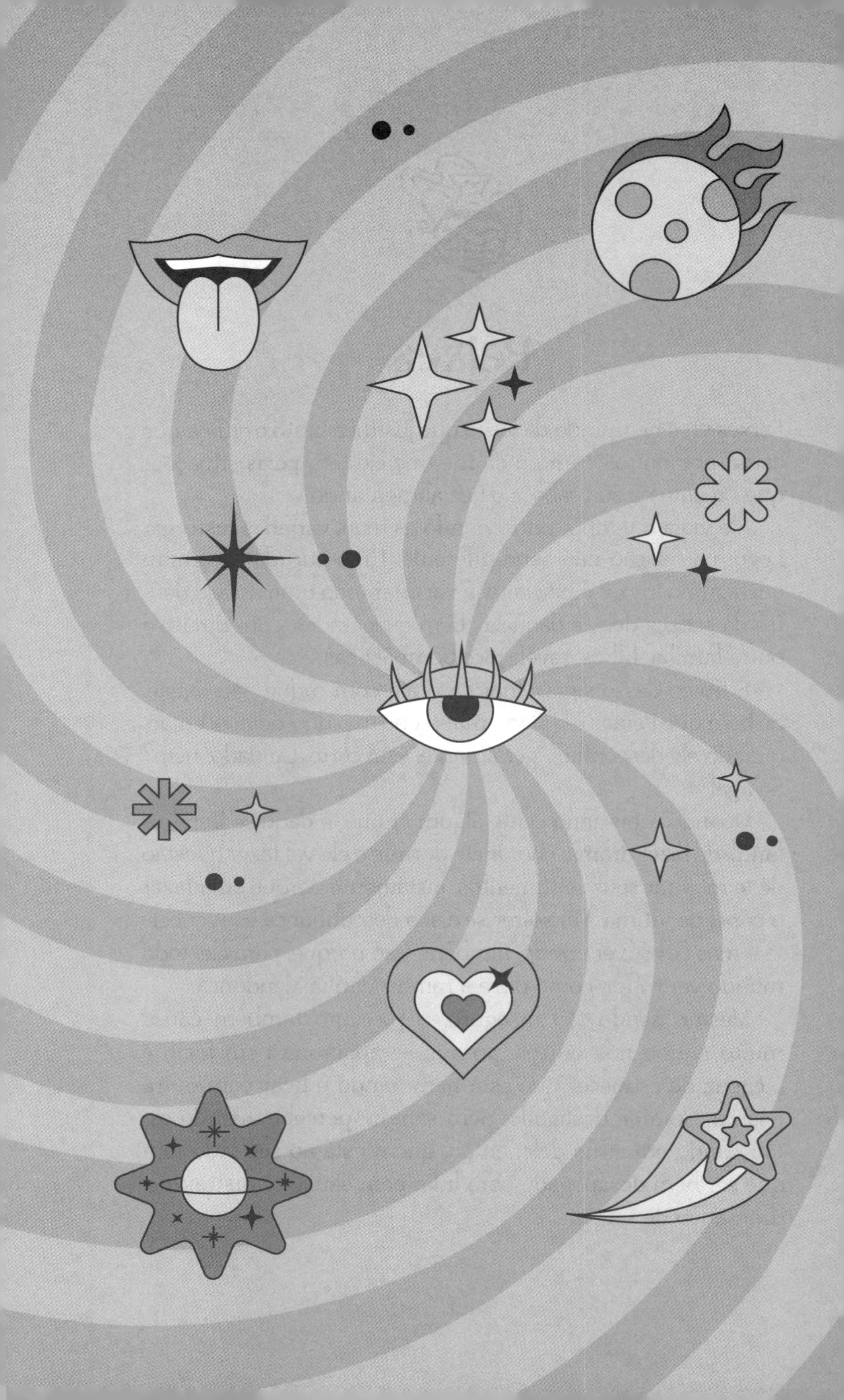

7.
Os signos e o trabalho

Eu amo uma frase que a minha mãe diz que é "se trabalho fosse bom, a gente não ganhava pra trabalhar". Mas caso você não seja membro da família real britânica, já deve ter aprendido que se você quer algo terá que trabalhar pra conquistar. Sim, eu sei, é difícil. Bem-vinda ao mundo capitalista. Para dar uma de Hebe e poder passear por Las Vegas, ver um vestido na vitrine e lançar a braba de "entrei, experimentei, serviu, comprei", você vai ter que ralar muito! Então não tem pra onde correr, o trabalho vai te atravessar, e por isso tive que trazer ele aqui pro nosso papo.

Áries

Impaciente e sempre à frente das coisas, o ariano no trabalho é aquele que não espera os outros terminarem de falar na reunião, corta todo mundo para dizer o que pensa e já propõe todo um encaminhamento na hora, bem no impulso mesmo. Pode ficar sobrecarregado, porque assume muita coisa pela necessidade de resolver problemas e por ser muito competitivo com seus colegas.

Aliás, a sede por ser o número um é o combustível desse signo. Se na empresa existe a plaquinha de funcionário do mês, pode apostar que ele vai dar o sangue para ter a sua foto emoldurada na parede. Se tiver que bater meta de vendas, saiba que ele vai ser seu vendedor mais efetivo, não porque ele é, necessariamente, ótimo em vender, mas porque não aceita perder para outra pessoa. Em outras palavras, podemos dizer que ele quase rouba o trabalho do chefe, mas se mostra um funcionário eficiente e engajado.

Aliás, não é à toa que ele quase tira o cargo dos seus superiores: inovador, revolucionário e curioso, Áries adora mandar nas outras pessoas e por isso sua posição ideal é a de líder. Como chefe, o ariano é ótimo para desafiar a equipe, trazer ideias diferentes, levar a empresa para outro patamar... Porém, nem tudo são flores: o lado sombrio é que ele pode surtar a qualquer momento, gritar com você sem necessidade, enfim, é aquele chefe que prefere ser temido a ser amado. É um signo que tem que tomar muito cuidado para não ter uma postura de ditador com os seus funcionários. ✦

Touro

O taurino, assim como são os signos de Terra em geral, é um dos melhores funcionários que você vai ver. Comprometido e entregue ao trabalho, ele vai se dedicar àquilo em que acredita, no que estiver alinhado ao seu propósito de vida. Se a sua fonte de renda trouxer conforto e estabilidade, então, ele não terá receio de mostrar toda a sua determinação e persistência na vida profissional.

O que nos leva ao ponto da teimosia: o nativo de Touro é aquele que raramente vai largar um projeto, mesmo que todo mundo o considere uma guerra perdida. Vai teimar, fazer acontecer e provar que todos estavam errados. Também é apegado aos combinados, ao que tem que ser feito e ponto-final. Ele não lida bem com mudanças repentinas e demandas que sejam muito fora do seu escopo.

Agora, quando esse signo está em posição de liderança, prepare-se para trabalhar no lugar mais confortável que você já viu na vida. Decoração aconchegante, cantinho da soneca, mesa de café da manhã cheia de frutas, pães, bolos... Ele fará de tudo para que o trabalho seja o mais zen possível, um ambiente quase tão gostoso quanto a casa dele. No entanto, o principal defeito do chefe taurino é que ele não quer que as coisas mudem nunca. Se você tem uma pegada mais inovadora, de propor novas ideias, pode se frustrar muito: para ele, as mudanças são uma ameaça, e não há por que mudar algo que já está dando certo. A empresa com um líder de Touro à frente pode não ser a mais lucrativa, mas com certeza vai prezar para que você tenha todo o conforto do mundo enquanto estiver nela.

Chefe de cozinha e *sommelier* são ótimas profissões para quem é taurino, que é ligado ao prazer e a trazer experiências gostosas para os outros. Em contraponto, trabalhos focados na administração do dinheiro também são excelentes, pois uma característica desse signo é dar importância ao dinheiro, então ele só libera a grana para onde precisa gastar mesmo. O mais importante para o taurino é ter um emprego tranquilo, que não cause muito estresse. ✦

Gêmeos

Como odeia a rotina, o geminiano prefere um emprego que seja dinâmico e agitado, como ele. Nada de ficar trinta anos fazendo um trabalho de escritório monótono, sem novidades: ele se joga mesmo é em empregos em que consegue ser criativo. Se possível, até muda de área de tempos em tempos, para não cair no repeteco chato de todo dia.

Uma área que é perfeita para geminianos ou pessoas com o meio do céu em Gêmeos é vendas. Com o poder da lábia, ele vai te convencer a levar aquela peça de roupa que você acha que não ficou legal, e vai fechar contratos grandes só pela conversa. Profissões como jornalista e *coaching* também são perfeitas para esse signo tão comunicativo, além da área do entretenimento, em que algo inesperado e criativo é sempre bem-vindo.

Se você já teve ou ainda tem um chefe de Gêmeos, sabe a loucura que é conviver com alguém instável na liderança de uma empresa. Mudando de ideia o tempo todo, é difícil lidar com um geminiano como chefe, ainda mais se o ambiente de trabalho exigir calma e organização. Além disso, imagine aquele líder que vai falar com você por WhatsApp, e-mail, Instagram, post-it, Meet, Teams, Zoom... Mensagem não vai faltar, mesmo que muitas delas sejam de fofoca dos funcionários, coisa que pode dar muita encrenca para o geminiano. ✦

Câncer

Para o canceriano, o trabalho não é tããão importante assim. Nascido para ficar em casa, cuidando da família, fazendo skincare e dando carinho para os gatos, o nativo de Câncer acha o trabalho o seu verdadeiro calcanhar de Aquiles, pois não se sente protegido e sabe que suas emoções não são acolhidas.

Como no trabalho tudo é impessoal, imparcial e racional, ele se sente perdido, já que é obrigado a deixar o emocional de lado – tarefa em que falha miseravelmente. Se o chefe dá um feedback mais grosseiro, ele vai levar para o lado pessoal e ficar com rancor, podendo até chorar no meio da conversa. É muito difícil tirar a emoção de um signo de Água, pois essa é a base de todo o nosso ser.

Já o chefe de Câncer pode tanto ser o melhor ou o pior que você já teve. Pode ser maravilhoso, por tratar todos com carinho e demonstrar bastante interesse na vida dos funcionários, cuidando dos outros como se fossem da própria família e falando com cuidado para não magoar ninguém. Mas, ao mesmo tempo, a dificuldade de separar a vida pessoal da profissional atrapalha demais: como ele não sabe lidar com críticas ou dizer não, fica sobrecarregado com facilidade.

Entre as escolhas de carreira, profissões que cuidam dos outros, como médicos e terapeutas, vão acalentar o coração empático do canceriano. Como seu foco não é o trabalho, funções que realmente ajudam as outras pessoas vão funcionar melhor para ele. Assim, ele sente que faz algo que poderia fazer de graça, mas que está cobrando só porque precisa sobreviver. ✦

Leão

Para o leonino, o trabalho também é lugar de brilhar. Ele tem que ter o holofote, saber que o que ele faz é bom e valorizado. Se não for, é capaz de trocar de emprego para um que enalteça suas qualidades com mais frequência. Tem sede de estar no topo, então sempre está caçando uma promoção dentro da empresa, ainda mais se puder ocupar um cargo de liderança, pois adora mandar nos outros.

Como chefe, pode ser muito escroto, até mesmo tirano – dá a ordem e quer que você abaixe a cabeça e a cumpra. E se você fizer algo muito bem, é capaz de o leonino querer os créditos todos para ele. Daí você se sente inútil, apenas um instrumento para que o ego dele seja maior que tudo. Porém, se ele usar o melhor de si a seu favor, será um chefe generoso, que tira sempre o melhor das pessoas e as valoriza. Tudo isso em um ambiente divertido e, além de tudo, belíssimo.

Na escolha profissional, carreiras que permitam que todos os aplausos venham para ele são a melhor escolha: bailarino, fotógrafo, cantor... No geral, profissões que trabalham com a própria imagem e que vão receber os créditos por isso são excelentes. A melhor carreira ainda é a de rei, mas nem sempre tem vaga aberta, né? ✦

Virgem

Toda empresa deveria ter pelo menos um virginiano em lugares estratégicos. Analista, perfeccionista e dedicado, ele vai encontrar as falhas que ninguém vê, é pontual e entrega tudo da melhor forma possível. Ele nasceu para servir aos outros, encontrando no trabalho uma forma de ser útil e ainda ser pago por isso.

Ele não lida muito bem com a pressão de ser líder, não, sobretudo porque tem que tratar com pessoas e com as emoções dos outros. Logo, ele é melhor como aquele assistente que recebe as ordens do superior e as executa do que como chefe em si. É do tipo que enlouquece seus funcionários com seu jeito perfeccionista, pois quer tudo do jeito dele e sem falhas. Isso irrita demais, já que muitas vezes está tudo correto, mas como não foi ele que fez vai botar defeito no serviço dos outros.

Na escolha da profissão, ele pode optar por qualquer área, pois sabe que vai executar tudo com maestria e perfeição, seja como frentista ou como astronauta. Carreiras na área da saúde são boas escolhas, por trabalharem o senso de utilidade que ele tanto aprecia. Ramos mais racionais, como administração ou contabilidade, também são ótimos, porque possibilitam que ele analise dados, monte planilhas, enfim, seja virginiano. ✦

Libra

No trabalho, o libriano vai manter sua essência mediadora e seu senso de justiça acima de tudo. Imparcial, ele é ótimo para resolver intrigas entre outros funcionários e lhes mostrar a melhor solução. O problema mora na indecisão: quando deve fazer escolhas, fica perdido e prefere deixar a decisão na mão de outra pessoa a ter ele mesmo que escolher.

Como chefe, ele sempre vai prezar pelo que é justo e traz mais equilíbrio para a empresa. Sua maior dificuldade é a indecisão mesmo. Por causa dela, vai jogar as perguntas para você: "Mas o que você acha, o que você quer?", para que não precise dar a palavra final.

É o tipo de chefe que prefere mil vezes ser amado a ser temido, ainda mais porque tem a necessidade de receber a aprovação de todos. Então, sempre vai tentar agradar a todo mundo. Ele pode tanto ser o melhor chefe que você já teve, já que sabe lidar com pessoas, como pode ser o pior, porque fica apavorado com as escolhas que tem que fazer.

Ótimo mediador, Libra pode apostar na carreira política ou na área do direito, pois vai saber acolher as vozes injustiçadas e fazer uma boa diplomacia. Graças ao seu excelente senso estético, profissões do ramo da beleza, como cabeleireiro e manicure, vão ser aproveitadas também, ainda mais porque ele sempre procura a harmonia em tudo que vê. ✦

Escorpião

Assim como tudo na vida do escorpiano, ele precisa ter tesão no trabalho para poder fazer sua função de corpo e alma, e quando ele se apaixona pelo emprego, é o primeiro a chegar e o último a sair. Ele até chama atenção dentro da empresa, pois se dedica tanto que começa a brilhar em comparação com os demais.

Se a pessoa desse signo não for bem trabalhada, ela pode puxar o tapete de todos para chegar ao topo, usando das armas da manipulação e da vingança para alcançar o seu tão desejado sucesso. Ela vai cavar os podres das pessoas para poder manipulá-las e conseguir o que almeja. Inclusive, pode ser bem FBI na hora de descobrir os segredos dos outros, os casos dentro do escritório, a amante do chefe...

Falando nisso, existem dois tipos de chefes escorpianos: o bem trabalhado e o mal trabalhado. O primeiro é aquele líder que acredita no que faz, que tem o poder e o controle da situação (duas coisas que ele ama), e se você for leal, ele vai melhorar a sua vida e não terá receios em te deixar crescer ali dentro – se você fizer por merecer, é claro. Já o segundo tipo é aquele chefe que passa atrás da sua mesa espiando para ver se você está trabalhando mesmo, te prensa na parede o tempo todo e pode até te humilhar em público para provar o seu ponto de vista.

Profissões que trabalham com questões profundas são as mais indicadas para esse signo tão intenso. Ser cirurgião, que lida com as entranhas das pessoas, ou coveiro, que trata de algo misterioso como a morte, são opções que combinam com Escorpião. As carreiras de terapeuta e investigador também saciam a sua sede de desvendar todos os segredos e complexidades humanas. ✦

Sagitário

Nascido para a criatividade, o sagitariano é ótimo para trazer ideias e propor soluções diferentes no ambiente de trabalho, além de dar uma injeção de ânimo em qualquer um. O problema para ele está na rotina, nas responsabilidades que todo emprego envolve e das quais ele não gosta muito não.

Como chefe, Sagitário é do tipo inovador, que quer sempre mudar as coisas e tornar o ambiente de trabalho mais descontraído, mais leve. Costuma ser querido pela equipe, mesmo que muitas vezes tire todo mundo do sério por ter dificuldade em assumir responsabilidades.

Curioso, bem-humorado e aventureiro, o nativo desse signo se encanta por profissões que envolvem conhecimento e viagens. Guia de turismo, comediante e professor são algumas carreiras que combinam muito com Sagitário. ✦

Capricórnio

O capricorniano tem a energia do trabalho: sabe do esforço que precisa fazer para conquistar as coisas que quer, e lida com isso superbem. Melhor do que ninguém, ele sabe que é por meio do trabalho que vai conseguir alcançar seus objetivos. Aliás, ele pode até renunciar a coisas importantes, como família e amigos, para poder trabalhar, ainda mais por ele não ter o lado emocional muito desenvolvido.

Por ser tão dedicado à vida profissional, é o melhor chefe de todo o Zodíaco: não leva as coisas para o lado pessoal, se entrega cem por cento ao trabalho e sabe tomar decisões difíceis. O único defeito é que ele pode ser muito grosso com a equipe, sobretudo por não ter muita sensibilidade. Daí, acaba sendo muito frio e direto demais. Ele pensa que é um ambiente de trabalho e não de chateação, então não tem por que você ficar magoado se ele te falou algo que é verdade e que convém à função dele. Ou pelo menos é assim que ele acha, né?

Na profissão, ele sabe o que quer desde os oito anos, e vai traçar seus objetivos desde cedo. Logo, é natural que ele se dê bem em trabalhos com uma segurança maior, atuando como funcionário público, por exemplo – já que essa função é estável, e ele sabe que vai ganhar o mesmo tanto por mês, sem nada fora do seu controle.

Carreiras que envolvem trabalhar com dinheiro, como contabilidade e administração, também terão sorte de ter um capricorniano à frente, pois ele vai saber muito bem onde gastar o dinheiro dos outros e o dele. ✦

Aquário

Duas palavras definem o aquariano no trabalho: gênio e arrogante. Gênio porque ele tem ideias ótimas, faz o que ninguém pensou em fazer e é superinovador. E arrogante porque é muito crítico e diminui o que as outras pessoas fazem. Além disso, é rebelde por natureza e, por isso, não lida bem com as regras que outras pessoas criam para ele e o obrigam a cumprir, mesmo dentro do ambiente de trabalho.

Como ele se preocupa com o mundo à sua volta, não trabalha só por dinheiro e leva muito em consideração cargos que sejam significativos e façam a diferença na vida das outras pessoas. ONGs, empregos na área da educação e bem-estar fazem com que seus olhos brilhem, ainda mais se ele puder dar vazão às suas ideias e agir com justiça. Carreiras como crítico de cinema e jornalista também interessam muito a esse signo, pois se tem uma coisa que ele tem para dar é opinião.

Como chefe, ele leva a empresa a um outro patamar, desvenda novas possibilidades e não tem medo de mudanças. O problema é que ele tem que conviver com questões pessoais dos funcionários, o que traz muita carga emocional para assimilar, e isso o tira do sério. Ele prefere só dar ideias e pronto, a ter que liderar pessoas e lidar com o que que elas lhe trazem para resolver. ✦

Peixes

O pisciano não é do tipo que curte um trabalho de escritório, de bater o ponto todo dia no mesmo horário, ainda mais se for um trabalho sem propósito – aí ele se sente um verdadeiro peixe fora d'água. Também fica extremamente chateado se o emprego for muito diferente do que ele achou que era. Nesse caso, vai sofrer muito sempre que tiver que ir trabalhar.

Por isso, é melhor que ele trabalhe dentro da própria intuição, em áreas mais empáticas, como enfermagem ou educação infantil, pois vai sentir que está ajudando os outros. Já o campo místico e o artístico também podem agradar-lhe bastante: astrologia, tarô, canto e dança são opções que o ajudam a ganhar dinheiro, mesmo estando no mundo da lua.

Com tanta empatia dentro dele, pode ser um ótimo líder, já que se importa com os outros e sabe cuidar da equipe com carinho, sem agir com grosseria ou má-fé. Na verdade, é a burocracia que atrapalha Peixes: ele não sabe lidar com demissões, conversas difíceis ou decisões complicadas que podem prejudicar alguém. Sem cuidar da sua sensibilidade exagerada, é muito difícil que ele lidere uma equipe sem se sentir perdido e chateado. ✦

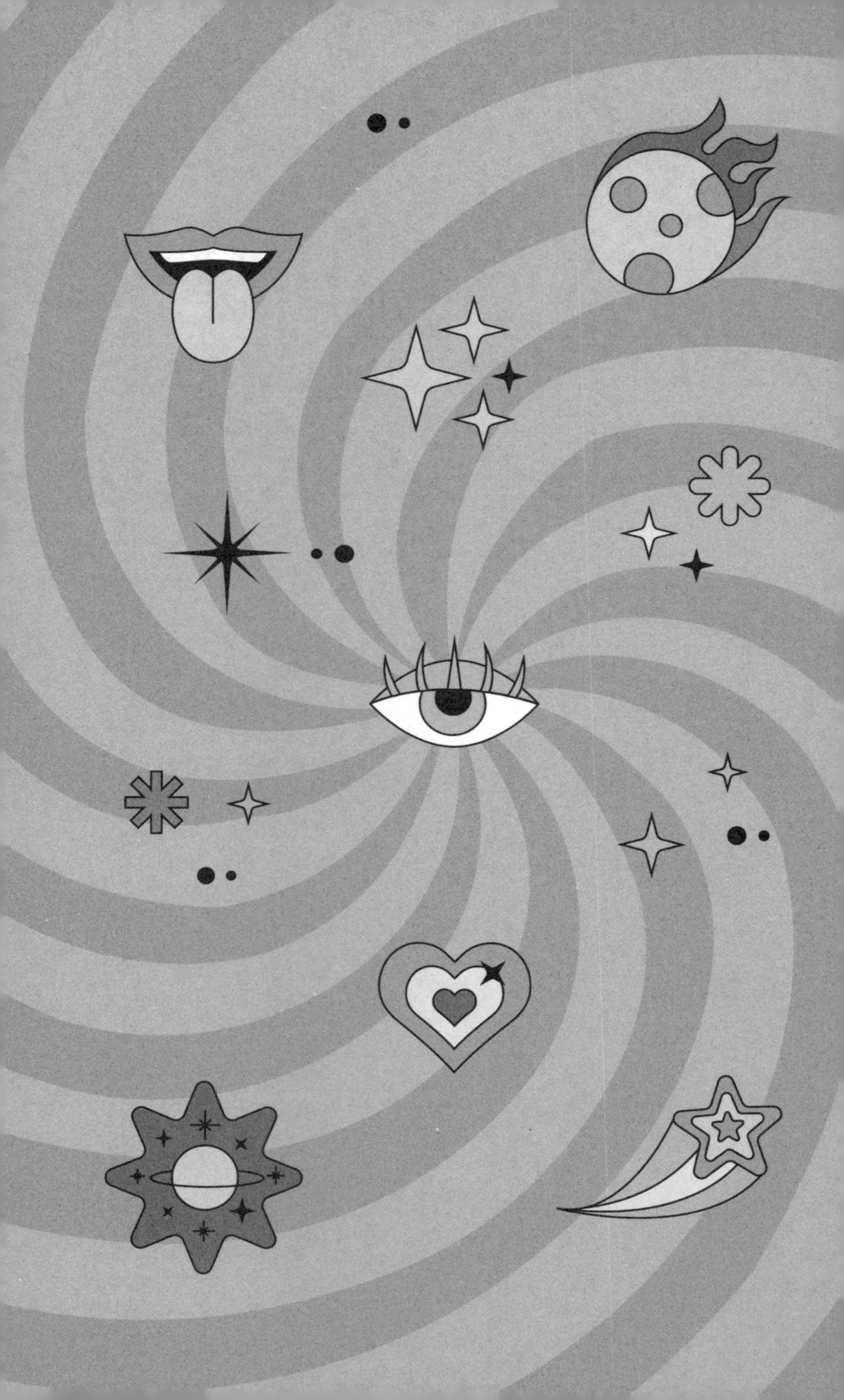

8.
O medo
de cada signo

Quem se lembra da entrevista dada pela cantora Ludmilla para Marília Gabriela? A jornalista pergunta "um grande medo" e a cantora responde "cair de moto e me ralar". Essa resposta pode parecer rasa, mas convenhamos que medo não é algo bem racional, você pode ter medo de coisas bem reais, tipo uma queda de moto ou avião, ou um medo sem explicação, como umas amigas minhas que ainda têm medo de engravidar na adolescência, apesar de terem mais de trinta anos. Cada um tem seu medo, e cada signo também.

Áries

Conhecido por ser um signo destemido, Áries não é o mais medroso, não, e dificilmente vai admitir os seus medos. O que vai tirar o sono dele é o medo de uma vida aprisionada, de ser subordinado e perder a sua voz, sua liberdade. Situações como um casamento ruim, ou até mesmo um trabalho que ele descobre que é horroroso e do qual não pode sair, vão gerar muito medo nele. Como é durão, você raramente vai perceber que ele está em uma situação difícil, que lhe causa medo – pelo menos, não até que ele surte.

Outro medo que o ariano tem é de ser visto como um derrotado, um estagnado na vida, ainda mais por sempre ir à luta e enfrentar tudo sem rodeios. Por isso, ele evita demonstrar suas preocupações, para não ser visto como fraco ou indefeso. Aliás, ele odeia que tenham pena dele ou que ele dependa dos outros para fazer alguma coisa.

O temor de perder quem ama também amedronta Áries, principalmente pelo fato de ele estar sempre ocupado com algo e nem sempre conseguir dar atenção para os seus relacionamentos. Ele tem medo de ser deixado de lado e que suas ações reforcem esse isolamento. ✦

Touro

O maior medo do taurino é da mudança, de que o mundo confortável que ele criou seja rompido e que tudo mude para pior. Por isso, ele vai fazer de tudo para que isso não aconteça, mesmo que signifique ficar em situações péssimas só por medo do novo. E quando está com medo ele empaca mesmo, fica parado no tempo, resistente.

Perder um emprego ou terminar um relacionamento, por exemplo, são os piores momentos para quem é desse signo, porque ele se vê sem um norte, sem sua zona de conforto. Ele precisa da estabilidade para poder relaxar e viver em paz, e quando isso lhe é tirado, fica extremamente frustrado, sem saber lidar direito com a situação.

Quando sente que alguma coisa pode afetar a sua segurança material, fica aflito também, pois para ele o dinheiro é o que traz todo o bem-bom que ele aprecia: a cama confortável, o restaurante chique, o cobertor quentinho... Se ele percebe que sua situação financeira está ameaçada, fica aterrorizado, até porque Touro associa diretamente o dinheiro à tranquilidade na vida, e perder isso é perder todo o seu bem-estar. ✦

Gêmeos

Conhecido como signo da comunicação, a solidão e o silêncio dão até arrepios em Gêmeos. Estar em um local isolado, sem sinal de celular, sem gente por perto ou sem poder falar vai ser um verdadeiro pesadelo para um geminiano!

Outra coisa que o assombra é levar uma vida monótona, sem novidades, com uma rotina que o aprisiona. Para ele, o movimento é essencial para que seja espontâneo e sinta que está realmente vivendo. Tirar isso dele faz o seu lado desesperado e ansioso aflorar.

Como a comunicação é a forma que ele encontra de ser visto e admirado, um dos seus maiores medos é ser mal interpretado, principalmente quando o assunto é mais emocional. Ele precisa ter certeza de que foi entendido corretamente e que se comunicou de forma clara; senão, pode ficar bem noiado, preocupando-se demais com o que vão achar dele. ✦

Câncer

Como esse é um dos signos mais inseguros, muitos medos passam pela cabeça do canceriano, como o medo do término das coisas, desde o namoro até o fim da vida mesmo. Ele tem tanto medo de que o relacionamento acabe que até cria cenários sobre isso na sua mente, pensa demais e tenta evitar que aconteça, mas por vezes essa insegurança toda só serve para deixá-lo paranoico e enlouquecer quem convive com ele.

Já o medo da morte é outro tema que assombra muito Câncer, ainda mais se ele souber que alguém que ama está doente. Nesse caso, vai sofrer muito, vai assumir o pior e não vai conseguir lidar com o fim brusco que é a morte. Vai chorar pensando na morte do pet, do marido, da mãe... Mesmo que a pessoa esteja do lado dele, respirando, feliz da vida.

Outro assunto tenebroso para os nascidos sob esse signo de Água é a solidão, é morrer sozinho cercado por gatos, porque ninguém o quis, o amor acabou e os parentes têm que cuidar da própria vida. Para o canceriano, o casamento não só é algo bom como necessário: ele precisa ter o apoio e o olhar do outro para se sentir validado e querido; caso contrário, se afoga em mágoas e se torna muito amargo.

Se ele tiver que deixar o seu lar, também vai ficar apavorado, já que, para o caranguejo, ele e a casa são uma coisa só, ou seja, tirá-lo do conforto é quase como tirar o seu oxigênio. Caso precise abandonar o lar por obrigação, não só vai ter muito medo como vai ser muito relutante com isso. ✦

Leão

O maior medo do leonino é o de ser invisível, de entrar e sair de uma festa sem ser notado, ou pior, de nem ter sido convidado! Regido pelo Sol, Leão precisa da aprovação alheia para poder brilhar, precisa se sentir valorizado, pois é assim que ele lida com o medo de ser excluído. É como se ninguém visse o pôr do sol e ele perdesse o seu significado.

Um pesadelo para o leonino é ser humilhado ou passar vergonha em público. Imagine ele saindo do banheiro com papel higiênico preso no salto ou a saia levantada? Isso é pior que a morte. Tudo que quebra a imagem de perfeição dele vai deixá-lo apavorado, sejam gafes ou até mesmo fotos em que ele aparece feio, e todo mundo viu.

Como toda a confiança dele é baseada no olhar do outro, tem muito medo de que a pessoa de quem ele gosta encontre alguém melhor, mais bonito ou mais interessante que ele. Sem a admiração alheia, o leonino se sente sem identidade, perdido, e isso o deixa aterrorizado. ✦

Virgem

O maior medo do virginiano é das coisas que fogem do seu controle, das surpresas desagradáveis que não cabem na planilha com a qual ele planeja seus passos. Quer assustar um nativo de Virgem? Conte a ele que você conheceu uma pessoa que era saudável, jovem e morreu subitamente: isso vai tirar o sono dele por dias e dias.

Como é perfeccionista e exigente, teme que nunca seja bom o suficiente no trabalho e nas relações, e fica assustado com a possibilidade de se tornar facilmente dispensável por não ser mais útil. Para o nativo de Virgem, ele existe na Terra para servir aos outros; então, se ele vê que não está cumprindo seu propósito, pode mergulhar de cabeça no seu medo.

Outra assombração na vida do virginiano é o medo de adoecer e da morte, por vários motivos. Primeiro, porque ele tem pavor de germes e doenças, então se cuida ao máximo para evitar que contraia algo que interrompa sua vida e tire tudo dos trilhos. E, em segundo lugar, porque a perspectiva de morrer é algo assustador, um cenário para o qual ele não consegue se planejar – e que, uma vez concretizado, vai mudar tudo, não só na vida dele, como na de outras pessoas. ✦

Libra

Como sempre busca o equilíbrio, um dos maiores temores de Libra é viver uma vida desarmoniosa, cheia de conflitos que ele não consegue resolver, ou decisões difíceis que ele precisa tomar e que vão impactar diretamente outras pessoas. Isso o assombra muito, porque ele sempre teme escolher errado e ser injusto de alguma forma, desfavorecendo ou magoando alguém com a sua decisão.

Além de indeciso, o libriano é um ser muito social e paquerador, de modo que outro pesadelo para ele é se ver sozinho, sem nem um contatinho ou alguém para dizer que ele é lindo e maravilhoso. A verdade é que ele não aprende o "antes só do que mal acompanhado", então é comum vê-lo em relacionamentos horrorosos, em que ele vive a vida do outro para manter a relação. O libriano se adapta demais ao parceiro só para agradar-lhe e evitar a briga e a solidão, o que o deixa bem infeliz e o impede de estar em relações mais saudáveis. ✦

Escorpião

Escorpião é o signo das emoções fortes, intensas, e ele morre de medo de estar vulnerável, de ser exposto e perder o controle das relações. Quando sente que o outro percebeu que ele se importa mais, fica inseguro, pois acha que a pessoa o está controlando. Todo esse receio o faz guardar para si muitos sentimentos que ele carrega, para evitar que a sua guarda fique baixa e as pessoas descubram como ele realmente é. Por isso o escorpiano é mais fechado e reservado: pelo medo de ser abandonado.

Além de temer ser vulnerável, ele tem um bom motivo para ser tão desconfiado, que é o medo de ser traído pelas pessoas que ama. A gente sabe que ele confia já desconfiando, que vai te stalkear até a sua quinta geração e que pode até te manipular para tirar segredos de você. A verdade, porém, é que ele não suporta a ideia da traição, de ter a sua lealdade quebrada porque confiou demais. Porque aí, quando isso acontece, meu amor... Ele não vai cometer o mesmo erro duas vezes, e nunca mais vai te esquecer – de um jeito bem psicopata e vingativo, no caso.

Como é controlador, o fato de que algo pode acontecer e ele não pode fazer nada para impedir é uma grande paranoia para o escorpiano. Ele gosta de saber como as pessoas vão se comportar e de ter o poder sobre as relações; então, se sentir impotente vai assustá-lo muito, e ele não vai saber lidar muito bem com isso. ✦

Sagitário

Sagitário tem pavor da burocracia de uma vida adulta, cheia de segundas-feiras, tédio e papelada. Para ele, a vida tem que ser uma aventura louca, alto-astral, e se ele se sentir consumido pelos afazeres do dia a dia, vai ter bastante medo de viver sem alegria, sem propósito.

Outra coisa que o sagitariano teme é perder a sua liberdade, se sentir sufocado e controlado por outras pessoas e situações. Se ele estiver em um lugar muito burocrático e cheio de regras que ele é obrigado a seguir, todo o seu brilho vai se apagar. Ele também teme lugares fechados, porque esse signo é claustrofóbico em todos os sentidos: ele odeia se sentir preso a algo. ✦

Capricórnio

O signo do medo é Capricórnio: toda a sua base vem do receio de perder tudo, da restrição. É o medo de falência, de não ter mais a segurança financeira que o move para os seus objetivos, que o faz planejar tudo para evitar o pior cenário que o nativo desse signo criou na sua cabeça. O problema é que ele é tão medroso que chega a ser pessimista e amargo, o que dificulta não só a convivência com outras pessoas como a sua própria felicidade.

Além de planejador, o capricorniano é extremamente autoexigente, o que o leva ao medo do fracasso. Ele se cobra demais na expectativa de evitar falhar, se perder no meio do caminho ou nunca chegar a lugar algum. Ele quer se destacar, e por isso é sempre muito crítico consigo mesmo. Tanta pressão pode deixá-lo insatisfeito, pois ele nunca corresponde às expectativas que cria.

Por ser muito crítico e temer a falência, também tem pesadelos com o famoso burnout. Fica paralisado só de pensar em ficar doente e exausto, a ponto de não conseguir mais trabalhar e ter que parar a vida dele para cuidar disso. Para Capricórnio, é muito assustador pensar que o que ele mais ama, a vida profissional, pode tirar tanto dele.

O fato é que esse é um medo bem real mesmo (tipo o medo da Ludmilla de cair de moto e se ralar): o capricorniano faz muita hora extra e, muitas vezes, coloca sua vida e sua saúde em segundo lugar para priorizar o sucesso financeiro. O resultado é que a saúde mental vai se desfazendo. Se liga, hein? ✦

Aquário

Conhecido como o signo mais do contra do Zodíaco, Aquário morre de medo de perder a liberdade e ser obrigado a fazer algo, de não ter escolha a não ser obedecer sem questionar. E aí, em vez de se fechar para o medo, o aquariano lida com isso sendo rebelde. Quer reivindicar seus direitos, fazer greve de fome, provar que tem voz.

Como sempre busca ser diferente dos demais, também tem medo de virar só mais um na multidão, de viver uma vida pacata que não faz diferença nenhuma para as outras pessoas. É esse fantasma que o faz se esforçar para impactar o mundo positivamente, pensar no bem coletivo e ser excêntrico por isso.

Por ser muito racional, o aquariano tem pavor de levar uma vida cheia de dramas e questões emocionais para resolver, principalmente se ele se envolver com pessoas complicadas. Para ele, é mil vezes melhor ficar sozinho e feliz do que namorar e ter que lidar não só com as suas questões como também com as da outra pessoa. ✦

Peixes

Por ser muito empático, Peixes tem medo de ver outras pessoas sofrerem, ou até de magoar os outros com as suas atitudes. Ele pega o sofrimento dos outros para si, sente as dores do mundo e chora junto. Para ele, é difícil ver outras pessoas tristes sem se envolver emocionalmente.

Também teme não poder expressar seu lado criativo por causa da vida adulta e burocrática, de ter que assumir responsabilidades muito grandes que podem quebrar o seu lado sonhador. Como o pisciano não lida muito bem com pressão, ele até evita situações muito estressantes ou com muita burocracia, para não se sentir apavorado ou ansioso com elas.

Outro medo que ele tem é de perder a fé, de que a sua esperança num mundo melhor e nas pessoas se acabe, do tanto que ele se ilude ou acredita demais nas boas intenções dos outros. Por ser muito sensível, o nativo de Peixes se magoa com facilidade e se apega rápido, então ele tem muito receio de se tornar desiludido na vida por levar tantas pancadas. ✦

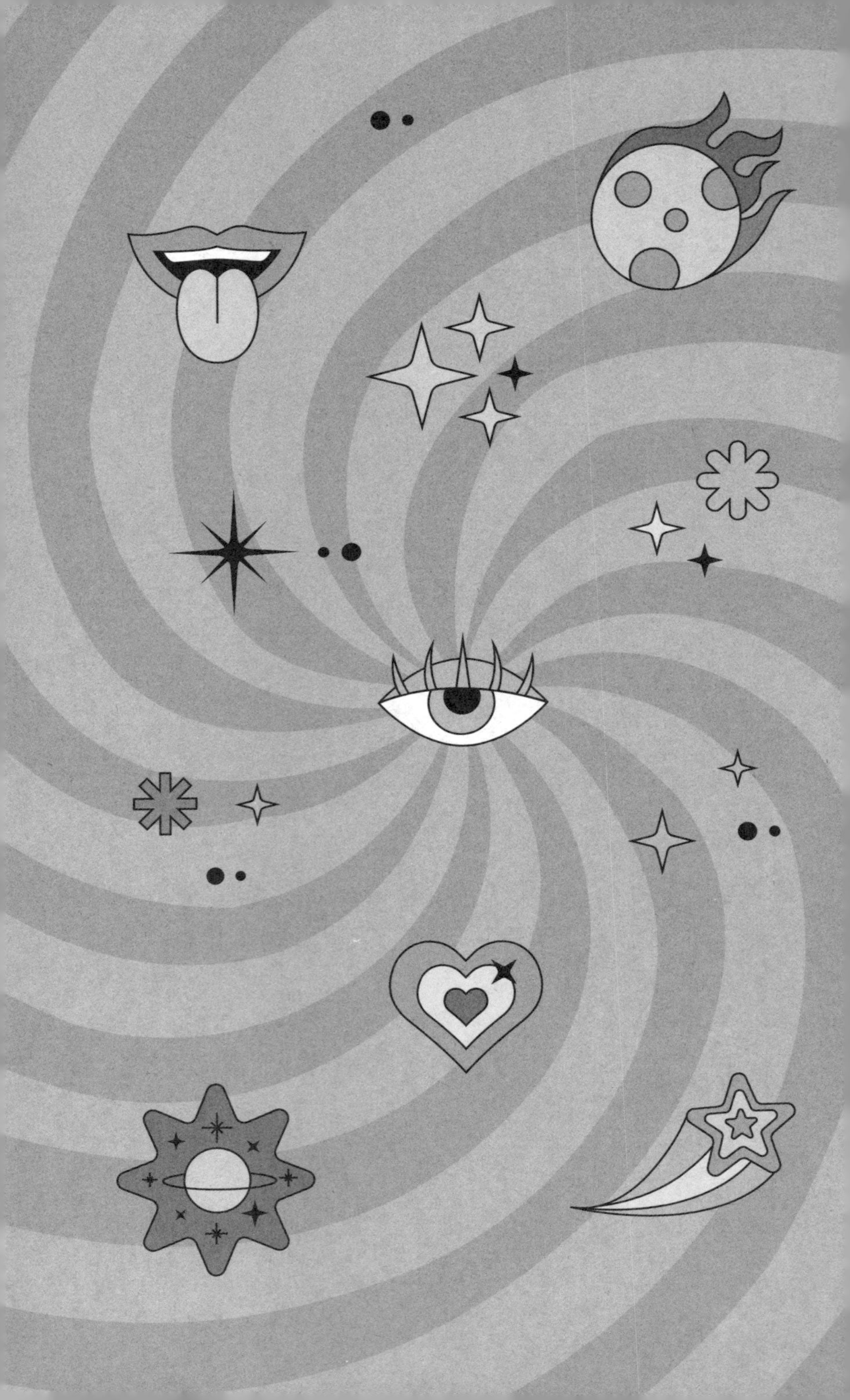

9.
A maior qualidade de cada signo

Todo mundo tem qualidades. Todo mundo. Até a pessoa que você mais odeia vai ter um traço positivo de personalidade, mesmo que seja bem difícil pra você assumir isso. E é sempre bom que a gente saiba quais são nossas potências, qual jogo a gente ganha com certeza, não só para facilitar as respostas numa entrevista de emprego, mas para que você saiba qual ferramenta usar na hora de ganhar uma batalha. E quando a gente fala de signos, meu amor, no mínimo você tem que saber a maior qualidade que o universo te deu (mesmo que você não mereça). Então pegue um papel e anote este capítulo inteiro pra não esquecer.

Áries

Como primeiro signo de todo o Zodíaco, Áries empresta uma qualidade maravilhosa aos seus nativos, que é ser a pessoa que começa as coisas, que vai e faz sem medo, desbravando o mundo, quando as outras apenas sonham. O ariano se basta, então, mesmo que todo mundo diga que ele não consegue, sente-se desafiado e faz mesmo assim. Coragem, iniciativa e resiliência marcam grandes pontos positivos para esse signo!

É muito difícil você encontrar um ariano triste, para baixo, pois ele costuma demonstrar uma alegria contagiante. É uma pessoa alto-astral, que gosta de ver a vida indo para a frente, os projetos encaminhados. Como não é muito dramático, costuma levar a vida com leveza, cheia de aventuras e momentos inesperados.

É claro que, se você procura alguém para te apoiar e fazer um projeto sair do papel, ele é a pessoa certa. Entusiasmado e prático, o ariano vai fazer o possível para te ajudar a concretizar o seu sonho, vai ligar para as pessoas certas, cobrar quem precisar e fazer você acreditar que tudo é possível, com um pouco de força de vontade. ✢

Touro

A maior qualidade de Touro é a paciência, que, aliada à teimosia, faz com que ele conquiste coisas que muitas pessoas não conseguem, porque desistem no meio do caminho. É um signo permanente e vai até o fim em tudo que começa, aproveitando cada minuto, cada sensação durante o processo.

Se você procura alguém prático, que vai te dar aquele banho de realidade, pode contar com o taurino. Como ele é um signo racional, que tem uma visão analítica sobre as coisas, o taurino consegue contornar situações de crise e sabe onde investir seu tempo e dinheiro. Esse fator mais pé no chão, aliado com a sua necessidade de segurança, é uma das melhores vantagens de ter um Touro na sua vida.

Nas amizades, o taurino é aquele amigo fiel, que pode até demorar para confiar em você, mas quando se sente seguro, vai até a Lua para te ajudar. Ele vai te acompanhar no enterro da sua avó, vai para a sua casa às três da manhã porque você ligou chorando, vai te mandar a real quando o namorado é boy lixo... Fiel, intenso e sincero, ele é um dos melhores amigos que você pode ter na vida. ✦

Gêmeos

Uma das maiores qualidades de Gêmeos é a adaptabilidade: ele aceita o novo superbem, sabe lidar com as mudanças da vida sem drama e não é apegado ao passado. É aquela pessoa que segura as pontas em momento de crise e sabe tirar algo legal até das piores situações.

Não dá para falar de geminiano sem falar da comunicação, que é outra área em que ele é ótimo: como é do signo detentor do saber, ele consegue se fazer entender em qualquer situação, sabe expressar suas ideias e ser compreendido, mesmo em diálogos conflitantes.

Com pavor do tédio, Gêmeos tem a capacidade de fazer mil coisas ao mesmo tempo e se divertir com isso. Prefere ter vários trabalhos a um só, que acabaria ficando chato e o levaria a cair na rotina. Então, ele se envolve com vários projetos, e, por isso, é uma pessoa muito interessante de se ter por perto para conversar. Sabe lidar com a pressão e gosta de ter um dia diferente do outro. ✦

Câncer

Ninguém cuida como um canceriano. A capacidade de nutrir relações é a maior qualidade desse signo: como é apegado aos amigos e à família, ele é aquele que se faz presente e se esforça para manter a relação agradável para todos, sempre com muito sentimento e carinho. Também é muito empático e enxerga a necessidade do outro – enfim, é a mãe do Zodíaco.

Quem nunca parou para conversar com um nativo de Câncer e já foi entregando a vida inteira sem perceber? Isso acontece porque ele é muito confiável e, aliado a isso, tem a habilidade de dar bons conselhos. Então, é um combo do ouvinte perfeito! Você pode conhecer um canceriano há poucas horas, mas já vai se sentir confortável para se abrir sobre os seus sentimentos.

Outra qualidade muito admirada no canceriano é o seu romantismo, digno de um cavalheiro do século retrasado. Ele cria cenas na sua cabeça, histórias completas, com gestos grandes de amor, e não tem problema em demonstrar quando ama. Na verdade, só se sente completo quando está apaixonado. É do tipo que manda carta, dá flores, faz surpresa... Só quem namora um canceriano sabe a sorte que tem. ✦

Leão

Se tem uma coisa que Leão sabe fazer é identificar o melhor nas pessoas: ele faz você ter um dia bom, traz cor para onde só existe o preto e o branco! Como é muito carismático, consegue levantar o astral do lugar e mostrar todos os seus pontos positivos quando você se sente para baixo. Ele dá uma injeção de autoconfiança em qualquer um!

Outra qualidade admirável das pessoas desse signo é a determinação, que, temperada com o amor-próprio, as faz ir a lugares incríveis. Além disso, têm um lado criativo e um senso estético ótimos, o que é excelente para áreas mais artísticas. Corajoso e leal, o leonino não descansa até alcançar o topo. De verdade, ninguém fica no seu caminho.

Há quem diga que ele é um dos melhores amantes do Zodíaco, e com certeza sua entrega nos relacionamentos não passa despercebida, pois é realmente muito apaixonado dentro das relações. Faz gestos grandiosos, deixa o companheiro mais bonito e é um romântico por natureza. Se você namora um leonino, sabe que a vida fica mais brilhante e elegante quando ele está por perto. ✦

Virgem

Impossível falar de Virgem sem elogiar a sua organização, né? E aqui nem destacamos tanto a parte física, mas sim intelectual, a capacidade de coordenar as coisas para que elas sejam feitas da melhor forma possível. Como ele é muito perceptivo ao analisar as situações ao seu redor, consegue identificar qual é o caminho mais seguro a seguir. Ele sabe tomar boas decisões e agir de forma racional.

Mesmo sendo considerado muitas vezes um defeito, o perfeccionismo desse signo também pode ser algo muito bom: ele consegue ser detalhista em tudo o que faz e encontra com facilidade o erro nas coisas, características que são muito positivas no meio profissional, por exemplo. Por ser muito educado, sabe apontar as falhas sem ser grosseiro (diferente de Capricórnio, né?) e é ótimo em funções que precisam desse olhar atento.

Além disso, é muito prestativo e ouvinte, o que faz dele uma ótima companhia, pois não só está disposto a ajudar como vai te dar um choque de realidade, colocando seus dois pés no chão. Se você precisa de um amigo que esteja disponível para fazer compras no supermercado quando você estiver doente, e que vai te acolher mesmo nos piores momentos, escolha um virginiano. ✦

Libra

Todo mundo deveria aprender com Libra a ponderar o outro lado, levar o outro em consideração, ter mais equilíbrio nas relações. O libriano realmente quer que todo mundo fique bem, então faz o possível para ser agradável, compassivo e justo com as pessoas à sua volta. O simples fato de conviver com um libriano já atiça em nós esse senso de empatia, de ouvir todos os lados antes de tomar uma atitude.

O charme e o senso estético de Libra são qualidades que precisam ser destacadas aqui: além de ser muito bom no flerte e encantar qualquer um, ele é o signo das coisas belas, então, sabe apontar tudo que é bom e harmônico, aproveitando o melhor da vida com paixão e equilíbrio. Como é regido pela deusa do amor, é apaixonado por tudo que é belo e perfeito.

Também é considerado uma ótima companhia: leve e alto-astral, ele contagia o ambiente com a sua alegria e torna tudo mais bonito! Como gosta de agradar a todo mundo, costuma ser carismático e muito gentil, ou seja, é aquele amigo perfeito para todos os rolês. ✦

Escorpião

Uma das melhores características de Escorpião é ser muito profundo. Ele sempre busca a profundidade nas coisas e sabe que vai ter que tocar em questões dolorosas que os outros signos não tocam – ele coloca o dedo na ferida mesmo! Não é de ficar na superfície, então tem o dom de arrancar esses males como se fosse um cirurgião, resolvendo problemas que geralmente a gente quer esconder.

Se um escorpiano decide uma coisa, não há nada no mundo que o faça mudar de ideia. Intenso e determinado, é fiel aos seus planos e faz tudo que é possível para realizá-los. Às vezes, joga uma vingancinha aqui, uma manipulação ali, mas com certeza atinge seus objetivos.

E é claro que não podemos deixar de fora uma qualidade deliciosa de Escorpião, que é a sensualidade. Ele é um ser sexual que se guia pelos sentidos, pelo cheiro, sabor, e não quer nada rapidinho nem de qualquer jeito: o sexo vai ser profundo, seus segredos serão revelados e é tudo à flor da pele. Como ele é ótimo em ler as pessoas, não vai parar até que os dois estejam em êxtase. Tem coisa mais gostosa que isso? ✢

Sagitário

Nós sabemos que o sagitariano é conhecido pelo seu bom humor, pelo seu jeito alegre e descontraído de ser, mas a verdade é que essa não é sua maior qualidade. O grande destaque é o seu senso de justiça: ele pensa no que é mais justo para ele e para o outro, e é muito ligado à ética, ao que é o certo a se fazer. Se você está perdido na vida, ele pode te ajudar: vai apontar horizontes possíveis, de forma racional, e te fazer pensar no caminho mais correto a traçar.

Outra característica admirável nesse signo é a falta de pudor. Ele não pensa no que os outros vão pensar, se vai ser julgado ou se não é de bom-tom: se ele quer fazer, vai lá e faz. Essa espontaneidade é ótima e faz com que ele viva intensamente, sem ligar para a opinião do outro, permitindo-se bem mais do que outros signos mais fechados.

Além disso, o sagitariano é muito otimista e não desanima quando as coisas ficam difíceis. Como é muito autônomo, sabe lutar pelas coisas que quer – em vez de ficar esperando a sorte, ele mesmo faz o próprio destino, e sua autoconfiança basta para que ele acredite nos seus sonhos. ✦

Capricórnio

O senso de realidade de Capricórnio é a sua melhor qualidade. Como está habituado a lidar com coisas concretas do dia a dia, ele sabe te trazer para a vida real de forma prática e bem planejada. Se você precisa de alguém para colocar os seus pés no chão e fazer um planejamento dos próximos passos, procure um capricorniano.

Como ele tem em mente desde sempre seus objetivos, já tem tudo traçado para correr atrás deles e não teme as dificuldades – aliás, ele se prepara para elas, a fim de evitar passar sufoco. Esse senso de responsabilidade e organização é um ponto muito positivo do signo, pois o capricorniano raramente se sente perdido ou sem rumo e, mesmo sendo pessimista, não costuma desistir fácil do que quer.

Outra característica dele que pode ser notada de cara é a segurança que transmite àqueles que ama. Com o capricorniano, as coisas são sérias e duradouras, e isso quer dizer que ele vai te dar toda estabilidade de que vocês precisam para nutrir um relacionamento saudável e que seja bom para os dois. Seu modo de agir tem muito daquela característica de ser provedor da casa e querer assumir o controle da situação, mas no geral ele é um signo que oferece muito conforto para quem está ao seu lado. ✦

Aquário

O aquariano é um ser revolucionário, que nada contra a corrente e tem uma visão muito bonita do futuro como um lugar mais justo e acolhedor. Quer fazer de tudo para chegarmos a esse lugar ideal, então ele mesmo procura se tornar a mudança que deseja ver no mundo: apoia ONGs, vai a debates e protestos, estuda sobre os temas importantes... Precisamos de mais políticos de Aquário, que questionem como as coisas estão sendo feitas e que proponham ideias novas, diferentes de tudo que já vimos até então.

Outra qualidade notável do aquariano é a inteligência, que, aliada a uma criatividade forte, o ajuda a pensar fora da caixa e saber executar suas ideias mais loucas. Tem um raciocínio muito rápido, pega as coisas no ar e não temos que explicar nada duas vezes para ele. Com esse lado intelectual bem desenvolvido, ele é naturalmente curioso e adora estudar para suprir essa sede de respostas.

E como falar de Aquário sem citar a imprevisibilidade? Ao lado de um nativo desse signo você nunca ficará entediado, pois, como todo signo de Ar, ele é um espírito livre, que pode meter o louco do dia para a noite. É aquela amiga que decide largar o emprego e ajudar as crianças mais pobres, sabe? Se você tem um aquariano ao seu lado, nunca cairá na monotonia: ele é o próprio furacão. ✦

Peixes

Impossível pensar em empatia e não lembrar de Peixes, o signo com mais compaixão do Zodíaco. O pisciano tem facilidade em se colocar no lugar do outro, sofre por si e pelo mundo todo, sabe ler o seu sofrimento no olhar, é aquele amigo que te entende, que te consola chorando junto. Imagina que lindo um mundo com mais piscianos, com as pessoas sendo mais empáticas e se amando? Com certeza seria um lugar com menos preconceito e brigas desnecessárias.

A leveza desse signo também merece espaço entre os aspectos mais positivos do seu nativo. Ele leva a vida de forma tranquila, sem estresse, sabe lidar de boa com as situações mais adversas e respeita muito a individualidade das pessoas. Para ele, as pessoas só têm que ser quem elas querem ser – é melhor deixar fluir com naturalidade, em vez de tentar controlar tudo. Esse jeitinho evita muita dor de cabeça para si próprio e para quem convive com ele.

Outra característica que se destaca é que o pisciano consegue se adaptar a qualquer situação – é um peixe de água doce e salgada. Mesmo que ele enfrente as correntezas mais fortes, consegue sobreviver e tirar o melhor do momento, sempre com otimismo e com mil sonhos dentro de si. É a própria Dory de *Procurando Nemo:* ele continua a nadar, mesmo que a sorte não esteja a seu favor. ✦

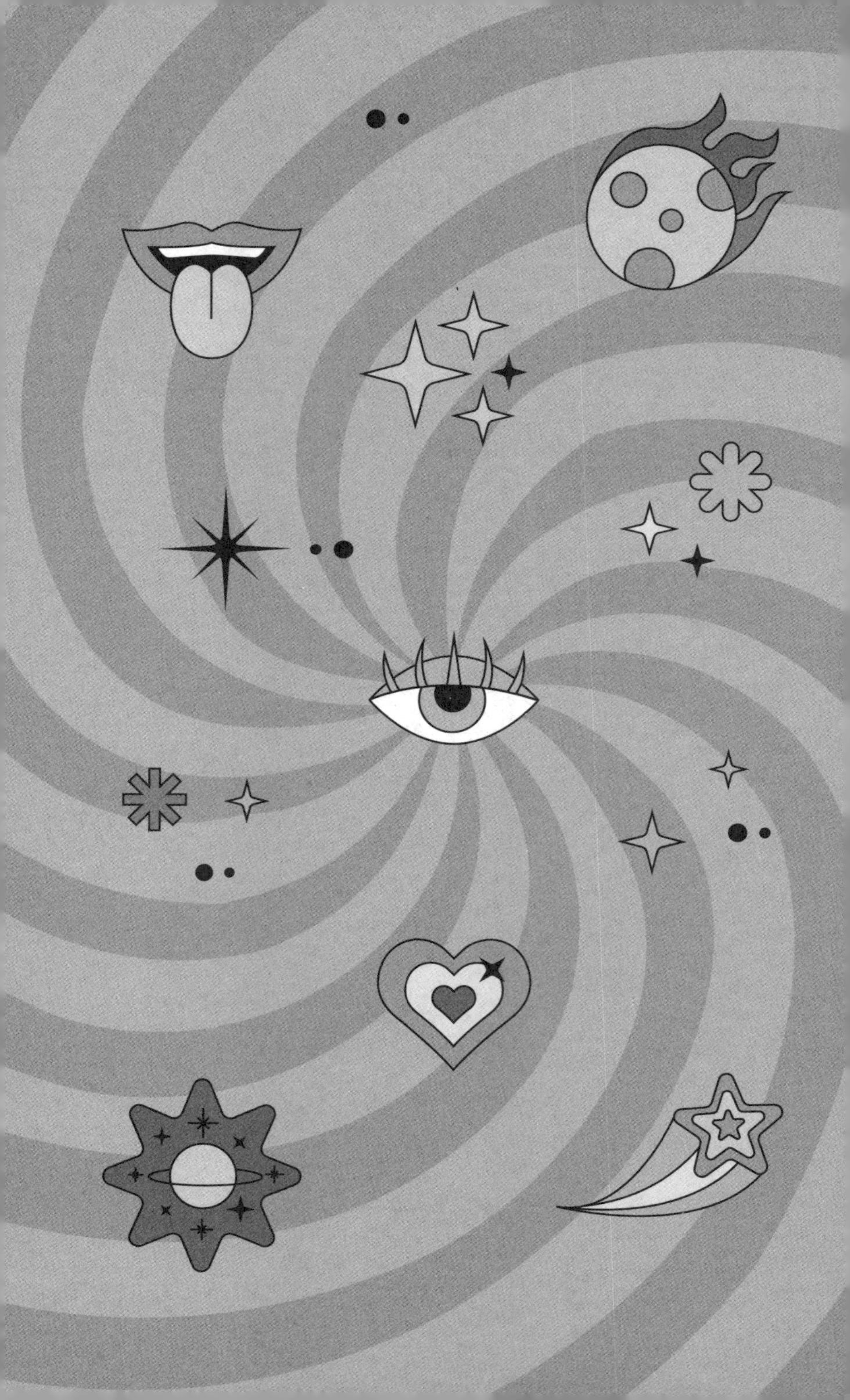

10.
O maior defeito de cada signo

Em anos fazendo vídeos semanalmente no Deboche Astral, eu descobri algo intrigante: as pessoas simplesmente não se identificam com os próprios defeitos. Eu falando mil qualidades do signo e as pessoas "ícone, cirúrgico, literalmente eu". Basta eu citar um defeito pra já ter que ler "nada a ver", "você não entende nada", "prefiro a Claudia Lisboa". Gente, entendam, não sou eu quem bota defeito em signo, é o Universo. Então se você quiser reclamar com alguém, reclame com o seu deus.

E vá para a terapia.

Áries

O maior defeito do ariano é ser egoísta. Ele nunca pergunta a opinião do outro sobre nada, só vai e faz o que quer, mesmo que ele pise nas pessoas para conseguir o que deseja. Como acha que todos são muito lerdos e só o tempo dele que é o certo, acaba sendo muito impaciente, e acredita que todo mundo deveria entrar no seu ritmo.

Outra característica ariana que irrita demais quem convive com o nativo desse signo é a ansiedade: não sabe esperar nada, e se você o fizer esperar, ele vai querer te matar, porque além de ansioso é agressivo e grosseiro. Ele quer tudo para ontem e não suporta não ter as coisas no agora.

Esse combo de agressividade e impaciência leva a mais um defeito terrível, que é o fato de que ele ama discutir. Na verdade, o ariano é um ser prático: se você tem um problema, deve resolvê-lo na hora, mesmo que para isso tenha que ter uma DR. Afinal de contas, para ele é inadmissível não falar imediatamente o que está sentindo, o que está incomodando. Então, quem se relaciona com Áries tem que saber que ele vai querer brigar para colocar tudo em pratos limpos, talvez com uma frequência maior do que você gostaria. ✦

Touro

O problema do taurino é que ele é lerdo demais, e não estamos nos referindo a fazer as coisas devagar, mas sim a ficar empacado nas situações e pessoas que não servem mais, insistindo no erro por medo de sair do seu conforto. Ele prefere manter um relacionamento péssimo a ter que terminar e lidar com essa questão, encarando a nova rotina e a dor que virão em seguida.

Isso nos leva ao segundo defeito dele, que é a teimosia. Nem sempre o taurino tem razão, mas ele não larga o osso, não aceita que pode estar errado. É aquela pessoa que teima até com o nome do ator do filme que vocês estão vendo, sabe? Quando ele coloca uma coisa na cabeça, é muito difícil que mude de ideia e assuma que você está certo – mesmo que isso o faça persistir em discussões e situações desnecessárias.

Se você convive com alguém de Touro, sabe que ele adora reclamar de tudo, principalmente quando está com fome ou sem dinheiro, ou seja, quando está passando algum tipo de desconforto. Nesse caso, ele fica muito chato e não para de reclamar, até que esteja alimentado ou com os seus problemas resolvidos. Além disso, muitas vezes o taurino espera que outras pessoas resolvam o problema por ele. ✦

Gêmeos

Como falar do maior defeito de Gêmeos sem mencionar a sua instabilidade? Você nunca sabe como ele estará: pode estar bem e, depois, não estar mais, pode te amar e, logo em seguida, não querer mais saber de você. Para ele, a vida é sempre mutável e inconstante. Ele segue esse fluxo, só que a vida é feita de regras, de rotinas que precisam ser seguidas; por isso, ele se frustra com o próprio ritmo em que é obrigado a viver.

O geminiano também tem outro problema que é ser malandro: ele sabe tirar vantagem em cima das pessoas e usa isso muito bem, aplicando a lábia para convencer os outros do que ele quiser. Como gosta das coisas mais rasas, não entende que a sua atitude pode prejudicar alguém – para ele, é só como as coisas são.

Superficial, ele é considerado duas caras pela junção da personalidade inconstante e oportunista. Pode virar o jogo do dia para a noite e te jogar uma bomba que você nem tinha ideia que existia. E aí, quando você vê, perdeu o amigo... A gente sabe que ele conhece os podres de todo mundo – pois ama uma fofoca – e é verdade que pode usar isso contra você, caso se sinta ameaçado. ✦

Câncer

O drama canceriano é o defeito que mais irrita os outros signos que convivem com ele. É aquela mania de colocar uma lupa em cima das coisas, de lidar de forma irracional e exagerada com a menor inconveniência que aparece na vida. Isso tira qualquer um do sério, porque ele sofre por absolutamente qualquer coisa, além de se culpar por tudo de ruim que acontece.

Além de exagerado, é paranoico. Então, sempre acha que tudo tem a ver com ele, mesmo que o mundo não gire ao seu redor. Se tem uma rodinha de amigos rindo e o canceriano chega, já acha que estavam rindo dele e se exclui, porque se sente julgado com facilidade. Por ser tão noiado, ele está sempre com alguma preocupação, principalmente sobre o que os outros vão pensar sobre ele, e faz de tudo para agradar a fim de evitar a rejeição.

Mas não se engane com esse papel de vítima que ele faz, porque Câncer pode ser bem manipulador quando quer. Então, sem perceber, você já está na mão dele fazendo as suas vontades. Como entende de emoções, ele sabe como machucar o outro e o que falar para convencê-lo de que ele está certo, de modo que você fica com pena e cai na sua armadilha. ✦

Leão

O leonino tem um sério problema em assumir que ele não está no controle de tudo, e que pode haver outros posicionamentos corretos além do seu. Autoritário, para ele o ego é maior que qualquer opinião alheia. Ele assume que a maneira dele de fazer as coisas é perfeita, e que todo mundo tem que seguir esse padrão – é até um insulto propor algo diferente do que ele faz. Se você é leonino, saiba que tá tudo bem sair do salto e dar o braço a torcer de vez em quando, tá? Isso também é chique e vai te deixar mais bonito.

Um defeito que perturba demais quem convive com nativos de Leão é o orgulho, que anda lado a lado com a vaidade. Jamais o leonino vai assumir que está errado, e isso torna o relacionamento bem complicado, porque ele não se desculpa e não entende por que você ficou chateado com ele. Aí, quando as pessoas começam a se afastar, ele começa a se questionar se fez algo errado, mas acredita que quem está perdendo algo é quem o está evitando e decide quase sempre seguir sua vida.

Não pense que é só Câncer que faz drama, porque Leão não fica muito atrás: dramático quanto aos seus sentimentos, ele quer todos os holofotes para a sua dor e vai demonstrar isso com exagero e agressividade, ainda mais se ele se sentir ameaçado ou contrariado. O leonino usa esse instrumento para intimidar os outros e passar pelas dificuldades, mas muitas vezes só piora a situação, por ser grosseiro e exagerado. ✦

Virgem

Virgem tem o dom de jogar água fria nos outros, ainda mais porque ele é muito sincero e transparente, e por isso não consegue disfarçar quando acha que algo vai dar errado, mesmo que ninguém tenha pedido sua opinião.

Ele critica as pessoas e seus trabalhos, sem perceber que pode estar magoando alguém, até porque não é tão ligado aos sentimentos e acredita que só está sendo verdadeiro.

E, sim, o virginiano é chato, porque é muito crítico com tudo, ainda mais consigo mesmo. É extremamente perfeccionista, e sempre acha que tudo está ruim. Ele encontra problemas onde não existem e não se contenta com nada menos do que a perfeição. Ele se cobra demais e acaba estabelecendo expectativas absurdas para tudo que começa a fazer. Então, o lado crítico se vira contra ele mesmo, e faz com que tenha dificuldade em terminar projetos.

Outro problema desse signo é que, por ser muito organizado, pode ser bem inflexível em relação a sair da rotina ou abrir exceções. Ele quer controlar tudo que acontece, e não lida bem com imprevistos ou surpresas – planos de última hora o fazem surtar. Então, pense bem antes de lhe sugerir alguma coisa que não foi planejada com antecedência. ✦

Libra

O libriano tem um defeito terrível que é depender do outro para tudo, não conseguir se validar sem a opinião alheia. Ele jamais vai tomar uma decisão que prejudique o outro, mas para isso ele se anula. Como resultado, ninguém o conhece de verdade, porque de tanto querer agradar a todo mundo, ele perde sua essência.

Não tem como falar de Libra sem falar da indecisão, né? Ele não sai de cima do muro por nada, e isso irrita demais as outras pessoas, principalmente quando é exigido que ele tome uma decisão e se posicione. A razão pela qual ele não se impõe é justamente para não se comprometer e ter que arcar com as consequências das suas ações – então, você vai ter que decidir por ele.

A insegurança também perturba todo mundo que convive com o libriano. Se você namora um nativo desse signo, tem que lhe passar MUITA segurança, tem que falar o tempo todo que o ama, que ele é bonito, charmoso... Caso contrário, ele não se sentirá bom o suficiente e vai ficar bem paranoico. ✦

Escorpião

Rancoroso, o escorpiano vai lembrar até daquela vez em 2003, quando você roubou o álbum de figurinhas dele, e pior: saberá arquitetar uma vingança daquelas, porque é extremamente observador e obcecado. Pode demorar, mas ele vai demonstrar – por meio de um comentário ácido ou uma vingancinha – que ele ficou magoado mesmo.

Outro defeito digno de um vilão de novela que esse signo apresenta é a ânsia pelo poder, de ter todo mundo na palma da mão, sob seu controle. Ele odeia se mostrar vulnerável, e é por isso que é tão misterioso e obscuro. Então, prefere dominar os outros para evitar que se sinta ameaçado. Signos como Peixes e Câncer tendem a cair na manipulação do escorpiano, e podem até viver relacionamentos abusivos sem perceber.

Mesmo sendo do elemento Água, o nativo de Escorpião é hiper-realista, o que para ele pode ser uma qualidade ótima, mas é irritante para as pessoas com quem convive. Tente comentar com ele casualmente que aquele boy te traiu ou que aquela menina do trabalho realmente era falsa, e você receberá uma lista de evidências – para ele, óbvias – de que isso iria acontecer, e que ele já havia alertado antes. Direto demais e sem anestesia, o escorpiano vai te dar um choque de realidade, mas nem sempre você estará a fim de receber. ✦

Sagitário

O maior defeito do sagitariano é querer ser o dono da verdade. Se encontra algo em que acredita, nada nem ninguém muda a sua cabeça, pois para ele seus pensamentos são verdade absoluta, já que ele se considera tão intelectual e mente aberta. O problema é que ele é sincero demais e dá uma de "palestrinha", bem ditador, impondo a sua opinião para as outras pessoas.

Essa sinceridade toda também é algo bem chato desse signo. É impossível para Sagitário falar que você ficou bonita naquele vestido se não for verdade. Ele prefere ser verdadeiro, mesmo que seja grosseiro, a ter que omitir sua opinião. Para pessoas mais emotivas, é melhor fugir dele, porque o sagitariano não vai afagar seu ego para você se sentir bem, não: ele prefere jogar na lata os fatos, e você que lide com isso.

Não dá para deixar de fora a irresponsabilidade dele. Com síndrome do Peter Pan, o sagitariano nem sempre aceita as atitudes que uma vida adulta requer e acaba agindo por impulso, deixando de lado coisas importantes para não se sentir preso ou "chato" demais. Como não liga para o que os outros pensam e não é medroso, toma decisões que nem sempre fazem bem para ele e para os outros. Essas decisões poderiam ser evitadas se ele ponderasse um pouco mais sobre suas ações. ✦

Capricórnio

Capricórnio e frieza são sinônimos! Ele é tão racional que te olha quase que calculando o que você está falando. E, se essa fala não estiver no script que ele criou na sua cabeça, ficará mal-humorado. Para o nativo desse signo, ele não é frio, só é direto e sem frescuras; mas quem convive com o capricorniano sabe que seu jeito pode ser grosseiro e sem carinho algum.

Essa personalidade mais objetiva também tem um anseio de controlar todas as coisas, seja da vida dele ou das pessoas que ama. Como pensa demais, sempre pondera sobre tudo o que pode acontecer e se prepara, na expectativa de ter algum controle sobre a situação. Mas quando isso não acontece, fica muito frustrado. O pior aspecto desse defeito é que deixa o capricorniano sem espontaneidade, ou seja, ele fica refém da racionalidade e se obriga a fazer tudo conforme o planejado, deixando a vida de lado para cumprir o seu checklist.

Apegado apenas às coisas concretas, ele não acredita em nada que não consiga explicar por meio da razão, como os sentimentos e a intuição. Então, não sabe lidar com todas as questões emocionais que carrega dentro de si. Por ser bem fechado e reservado, não costuma falar sobre como se sente. Inclusive, acha que é bobagem dar atenção a uma tristeza ou a um coração partido. Bem cabeça-dura, não vai te ouvir se você tentar argumentar que ele precisa de ajuda e que nem tudo tem explicação científica para acontecer. Prefere guardar para si toda a sua dor a ter de tratá-la; por isso, fica bastante amargurado (e mal-humorado) quando algo não ocorre do jeito que ele queria. ✦

Aquário

O aquariano é um ser muito impaciente. Não aguenta drama alheio, sentimentos, gente burra... Para o nativo de Aquário, ninguém sabe das coisas além dele, então, se tem que explicar mais de uma vez, já perde seu carisma inteiro. Além disso, não tem paciência para nada que ele não julgue superimportante e essencial para o bem coletivo. Tudo isso faz com que muitas pessoas se afastem dele.

Só quem já teve que lidar com um aquariano sabe que ele é desconectado com as emoções, que não consegue entender que os sentimentos são relevantes e merecem atenção. Desabafar com ele é horrível, já que costuma tratar os assuntos do coração com insignificância, como se não fossem nada, mesmo que você esteja sofrendo. Ele acha que o seu drama não é nada comparado com o das pessoas que têm fome, a desigualdade social, o patriarcado...

E se você já maratonou vídeos suficientes do Deboche Astral, está careca de saber que o aquariano é muito do contra; afinal, esse é o jeitinho dele para te mostrar que existem outras possibilidades além do óbvio, é onde ele encontra a sua criatividade. O problema é que isso é muito chato, ainda mais quando você só quer ter uma conversa agradável ou apresentar as suas ideias na empresa sem causar tumulto. Como ele é frio por natureza, não sabe discordar sem ser grosseiro ou mesmo arrogante, e isso prejudica demais as suas relações. ✦

Peixes

Peixes tem um defeito terrível, que é se apagar para que os outros possam brilhar. Por causa da sua falta de ego, ou ele é feito de capacho pelos outros, ou se sacrifica para que os outros sejam felizes, renunciando a si mesmo o tempo todo. Para as pessoas que convivem com o pisciano, isso é ótimo. Mas, para ele mesmo, é péssimo – ainda mais porque ele nunca se põe em primeiro lugar.

Outra característica irritante nele é que, por ser tão sonhador, não reage bem quando você tenta abrir seus olhos para a realidade. Se você questiona os seus sonhos, ele simplesmente não te escuta, pois acredita que o que ele quer é sensato. Nesse momento, o egoísmo aparece e ele pode até se afastar de você por causa disso.

E como falar dos defeitos do pisciano sem falar do drama? Peixes é o signo mais sentimental do Zodíaco, e não só sofre por ele como por todo mundo, pelo passado, presente e futuro. Mesmo sendo tão iludido, o pisciano pode ser bem negativo quando está em uma situação ruim: assume uma postura pessimista e se faz de vítima com muita facilidade. Dono de todas as emoções do mundo, para ele é muito difícil diferenciar entre estar triste com a situação e entrar em uma fossa interminável. ✢

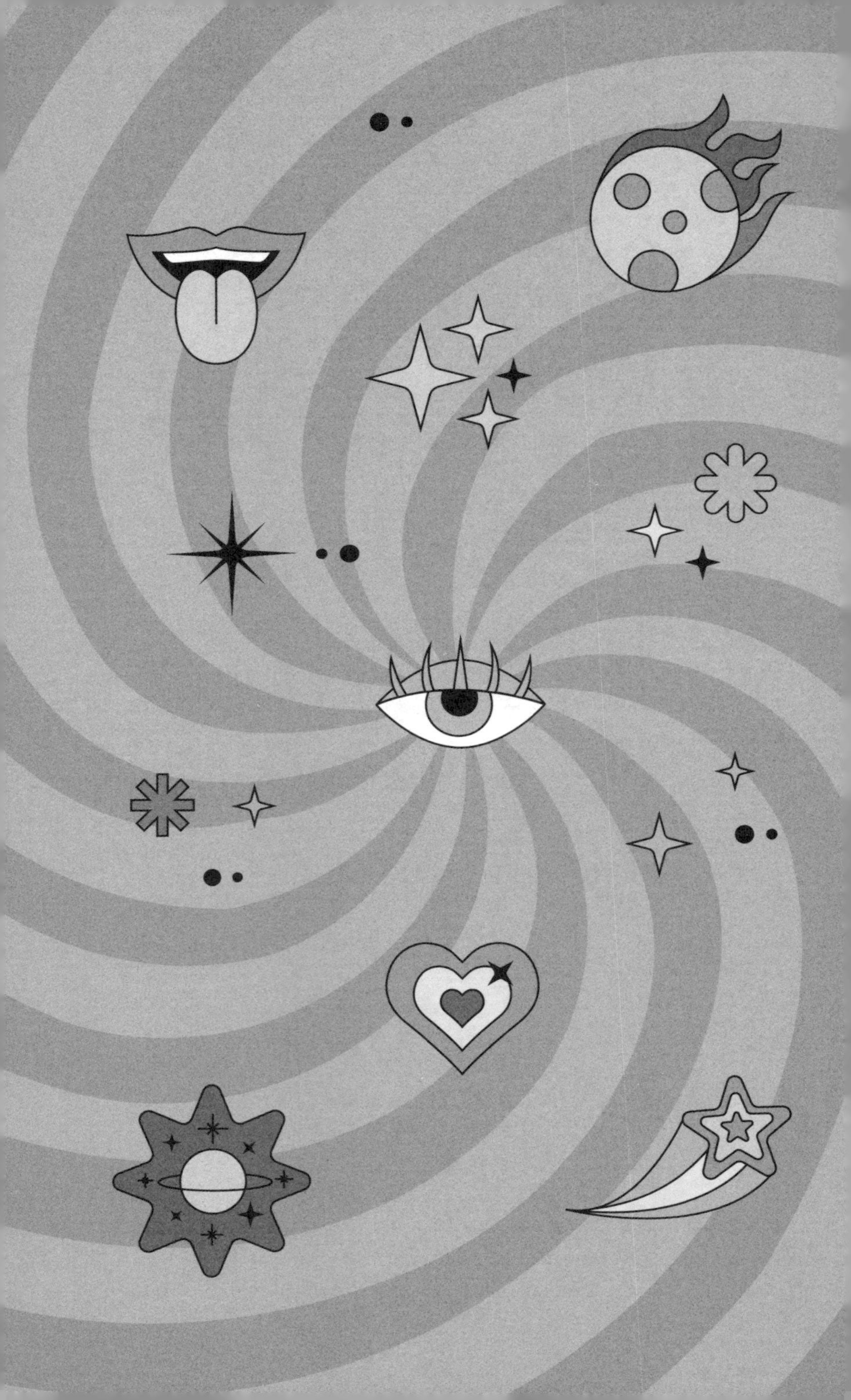

CAPÍTULO BÔNUS: Os signos e o término de namoro

Não tem como. Toda história merece um final. História ruim e história boa. E nem sempre é fácil colocar um fim: às vezes você até queria que aquilo seguisse, mas as circunstâncias não estão favoráveis, ou você simplesmente não quer mais continuar com essa história. É complexo, é triste, é ruim. Mas também sai cada meme... Eu mesmo uma vez fui terminar com um cara e como sabia que ia chorar muito, por motivos de canceriano, levei uma caixa de lenços de papel e coloquei em cima da mesa, de modo bem dramático. Olha que ridículo! A gente tem que aprender a rir do fim das coisas, porque aí dá pra ser leve em todos os estágios da história.

Áries

Se o ariano não estiver mais a fim de você, ele vai terminar sem pensar duas vezes. Com o nativo desse signo não tem enrolação: ele vai direto ao ponto e já tira o band-aid de uma vez só, sempre fiel às suas verdades e colocando tudo em pratos limpos. Não é agressivo, mas pode ser bruto.

Agora, se você pensa em terminar um namoro com alguém de Áries, existem alguns cuidados que deve tomar, caso não queira que ele te mate. Basicamente, você precisa ser sincero e evitar esconder as coisas dele ou dar aquela enrolada: se começar com "não é você, o problema sou eu", saiba que ele vai ficar furioso. Não minta nem tente fazer joguinhos, só faça o que tem que ser feito, da forma mais prática possível.

Quando leva um fora, o ariano lida bem com a situação, ainda mais porque se sente atiçado. É que, por ser muito conquistador, ele gosta de coisas difíceis. Então, vai gostar de estar novamente solteiro, na pista, pronto para correr atrás de novas pessoas. Pode ser um pouco insistente depois do término, mas é só você fazer algo irritante (como fazer charminho demais ou deixá-lo impaciente) que ele logo desiste. ✦

Touro

É melhor que alguém termine com o taurino do que esperar que ele termine qualquer relacionamento. Touro é do tipo que fica pensando sobre a possibilidade do término por muito tempo, engolindo muito sapo, para evitar o fim. Ele age assim pelo medo da mudança, de ter que aprender a viver sem a outra pessoa. Quando termina, é bem sofrido e ele custa a superar, mas vai fazer tudo com muito cuidado com as palavras para não te magoar.

Para dar um fim no relacionamento com ele, você precisa prepará-lo com antecedência. De preferência, fique um mês dando indiretas, mostrando que quer terminar, porque ele vai ser muito insistente e tentará de tudo para que vocês continuem juntos – é uma teimosia misturada com o conforto que ele não quer perder. Então, termine e já fique esperando que ele peça para você ficar.

O taurino não costuma levar muito fora, não, porque só flerta quando sente que é recíproco. Mas, quando leva um pé na bunda, não sabe lidar muito bem com a rejeição e acaba insistindo, porque não aceita que você diga não para ele. É importante que ele aprenda a aceitar o não e siga em frente com isso, sem ficar remoendo o passado por mais tempo do que deveria, até porque o taurino tem o péssimo costume de ficar parado no tempo enquanto a vida acontece. ✦

Gêmeos

O geminiano, quando termina o relacionamento, faz aquela grande DR, cheia de argumentos, bem discutida, nos mínimos detalhes. Além disso, como conhece bem a pessoa e tem muita lábia, sabe como terminar sem que o outro fique muito mal. Isso não significa que ele pondera sobre o término, ou que fica pensando meses sobre como encerrar a relação: basta sonhar que está sendo traído ou ter uma intuição que ele pode acabar com tudo, porque pra ele isso não é nada demais, é somente o ciclo da vida. Por ter uma postura mais leve sobre o fim, vai superar o término bem rápido e topará ser amigo da pessoa depois.

Agora, se você precisa terminar com ele, aposte no diálogo. Abra o jogo, seja sincero e deixe que o geminiano desabafe também, de modo que possa colocar tudo para fora. Provavelmente será um término tranquilo, porque Gêmeos namora com um pé no relacionamento e outro fora, sempre pronto para viver a sua liberdade. Então, ele não vai se transformar naquele ex chato que fica procurando depois e não sai do seu pé.

Quando leva um fora, o geminiano reage bem: está tão acostumado a paquerar todo mundo, que nem liga de ouvir um não. Na verdade, até prefere uma negativa a ter alguém grudento, que não respeita o seu espaço. ✦

Câncer

O término para o canceriano é como perder um pedaço do corpo: mesmo que a iniciativa seja dele, o processo todo vira um luto. Para ele, tudo é para sempre desde o primeiro beijo, então o fim de um relacionamento é o fim dos sonhos, de uma futura família, de viagens juntinhos... Por isso, quando decide terminar, é porque não dá mais mesmo, já chegou ao seu limite. Ele vai deixar isso claro, vai jogar muita coisa do passado na sua cara e, mesmo exausto e infeliz, vai sofrer por muito tempo pelo que poderia ter sido e pela época em que o namoro era bom.

Se você precisa terminar com ele, te desejo boa sorte, viu? O canceriano vai chorar, espernear e insistir para que você fique. Então, é bom que você se prepare para a manipulação e o drama que ele vai fazer, na tentativa de te convencer a ficar. Ele é do tipo de ex que te procura, liga de madrugada, te stalkeia até perceber que não vai dar em nada – aí ele te exclui de tudo e age com bastante frieza.

Por outro lado, se o assunto é levar fora, ele também não vai saber lidar com a realidade: ficará muito magoado, com a autoestima baixa, e será capaz até de decidir nunca mais dar em cima de alguém. Isso acontece porque o canceriano não sabe manejar as expectativas quebradas e se culpa demais por ter sido rejeitado. ✦

Leão

Leão não consegue suportar a ideia de alguém terminando com ele. Então, se suspeitar que a outra pessoa está tramando um término, vai lá e dá um fim primeiro, para sair por cima da situação e evitar a rejeição. Como quer que a pessoa ainda o admire depois de tudo, terminará de forma respeitosa e não vai demonstrar que está sofrendo; sempre vai manter a postura de que ele está maravilhosamente bem. Pode jogar um discursinho do tipo: "Sei que é muito difícil, mas você vai conseguir viver sem mim" e nunca vai assumir que terminaram com ele (mesmo que tenha sido o caso).

Para terminar com um leonino você tem que entender, primeiro, que para ele é uma loucura que você queira ter uma vida longe dele. Com isso em mente, é preciso que você tenha todo um diálogo que aumente a autoestima dele. Use o famoso: "não é você, sou eu" (no caso desse signo, funciona), ou o "você é bom demais para mim", para o leonino saber que não tem nada de errado com ele, e sim que é você que quis dar as costas a esse ser humano tão sem defeitos.

Quando o assunto é levar fora, ele é o que pior lida com isso. Leão não admite quando alguém o rejeita, fica com o ego ferido e se sente inseguro, mesmo que por fora esteja impecável e nunca desça do salto. ✦

Virgem

É muito difícil um virginiano terminar um namoro: além de ele ser muito seletivo com quem escolhe para se relacionar, é mais fácil que ele proponha melhorias na relação do que acabar de vez. Mas, quando não tiver mais jeito, ele vai te mostrar dados que justificam a decisão pelo término, porque ele gosta de explicar o porquê das suas ações. Como é meio direto demais, pode machucar a pessoa, mas ele não vai entender o motivo de você ficar chateado, já que, na cabeça dele, faz todo o sentido terminar.

Para terminar com alguém de Virgem, é melhor deixar tudo bem explicadinho – em uma planilha, de preferência –, com todas as razões para dar um fim no relacionamento. Usar uma linguagem mais emocional não vai rolar com ele, é melhor usar a lógica para que tudo se encaixe na sua cabeça.

Levar um fora é algo raro para esse signo tão cauteloso, já que só dá em cima de alguém quando tem certeza de que será correspondido. No entanto, quando acontece, ele fica perdido, porque é algo que sai do roteiro que havia planejado. Então, analisa por que as coisas deram errado e pode até se fechar para outras possibilidades, por medo de se magoar de novo. ✦

Libra

Libra não é do tipo que termina, porque o término desequilibra a vida e envolve escolhas – principalmente a escolha de dizer não. Então, ele não sabe lidar com essas consequências. É mais fácil sair de fininho, começar a sumir e não te responder mais do que realmente ter uma DR e acabar o relacionamento. Além disso, o libriano só termina quando já tem outro contatinho: ele não sabe lidar muito bem com a solidão e tem a necessidade de ter alguém gostando dele o tempo todo.

Para terminar com ele, não tem muito segredo: seja direto e deixe claro que você está terminando, e que não dá mais para se relacionarem. Senão, é capaz de ele te enrolar até vocês ficarem juntos novamente. O lado bom é que ele tenta te entender, ver por que você está sofrendo e abrindo mão da relação; mas, por outro lado, ele não vai processar o término e a rejeição muito bem... No dia seguinte, já estará com o Tinder instalado e prontinho para voltar à ativa.

Se um libriano leva um fora, ele imediatamente acha que tem algo errado com ele, por não ter conseguido a aprovação de outra pessoa. Então, vai ficar confuso e bem chateado, até porque quem dá fora geralmente é ele. Em vez de lidar com isso numa terapia ou conversando com outra pessoa, vai achar novos interesses amorosos que o aprovem, para ele sentir que o problema não era com ele mesmo. ✦

Escorpião

O escorpiano é profundo e te conhece muito bem. Então, se for um término tranquilo, só por falta de compatibilidade ou porque não está mais dando certo, ele vai ter muito cuidado nesse momento. Agora, se você o traiu ou fez algo que o magoou demais, prepare-se para um término conturbado: ele vai jogar momentos do passado na sua cara, podendo até ser vingativo e falar coisas que certamente vão te ferir. Independentemente do tipo de término, uma coisa é garantida: uma vez que ele terminou, vocês nunca mais vão voltar.

Não é surpresa para ninguém que o relacionamento com Escorpião é o mais difícil de terminar, né? Como ele gosta de estar no controle, não sabe reagir quando outra pessoa termina com ele e tira todo esse poder da sua mão. A dica é pensar muito bem nas suas palavras, porque tudo que você falar será usado contra você. Aliás, de preferência deixe ele pensar que a ideia foi dele – assim, ele se sente no domínio da situação. Não se esqueça de ficar atento às manipulações do escorpiano: ele pode evitar o término com jeitinho e você nem vai perceber.

Se o assunto é levar um fora, Escorpião vira o vilão da história: como assim você está virando as costas para uma pessoa que está cem por cento entregue no relacionamento, que faz tudo por você? Seguindo esse pensamento, ele terá dificuldade de aceitar o término, ficará com raiva e vai te cortar da vida dele sem dó nem piedade. Não que isso impeça o escorpiano de te stalkear por um bom tempo, é claro... ✦

Sagitário

Como o signo de Sagitário é desencanado com tudo, no término não poderia ser diferente: ele vai fazer piada e lidar com a situação de um jeito leve, lembrando dos bons momentos e sendo bem otimista sobre o futuro de vocês, mesmo que separados. Pode até querer continuar ser seu amigo, por gostar da sua companhia e só não querer mais namorar com você.

Para terminar com ele, a dica é conversar numa boa, expondo tudo que te incomoda, e deixar espaço para ele falar também. Se jogar um: "Acho que a gente precisa viver coisas novas, quem sabe a gente se encontra de novo daqui a uns anos...", será ótimo, pois o bichinho aventureiro que existe dentro do sagitariano acorda, e ele sente que vai poder curtir a vida de outras formas.

Quando leva um fora, ele geralmente lida bem com a questão: ou não liga nem um pouco ou, se estiver mais apaixonado, pode se aborrecer um pouco, mas vai ficar bem, querendo manter a amizade depois. Para o sagitariano, o mais importante é o bem-estar, e por isso ele não vai querer briga com ninguém. ✦

Capricórnio

Capricórnio, de forma muito similar a Virgem, dificilmente termina o namoro, porque se ele está namorando alguém, é para sempre. Além do mais, ele não tem tempo para ir atrás de outro namorado, não. Para o capricorniano decidir terminar um namoro, é porque a coisa não está funcionando mais e você está atrapalhando a rotina dele. Então, ele expõe os motivos do término de uma maneira muito racional e direta, sendo até mesmo frio demais nesse momento.

Se você precisa terminar com ele, pense que está saindo de um emprego: não termine do nada; em vez disso, cumpra o combinado de vocês e saiba que você vai fazer falta naquele momento. Pensando assim, você deve ser sincero sobre o contrato que vocês firmaram, porque ele não vai aceitar que o rompimento aconteça sem um motivo claro. Logo, é importante explicar bem calmamente todas as razões que fizeram o relacionamento chegar ao fim.

Quando o capricorniano leva um fora, é normal que ele queira racionalizar e questionar, e acabe ficando triste, pensando muito sobre como agir nos próximos relacionamentos. A vida dele não para por nada, então ele vai se jogar em tarefas que ocupem sua mente e seu tempo, como um freela ou até um projeto mais desafiador no trabalho. ✦

Aquário

Espere de um aquariano um término com zero emoção: ele não entende a reação da pessoa que se emociona ao ouvir que o relacionamento acabou. Na sua visão, reações como essa são somente um drama barato; logo, menospreza qualquer sentimento. Para ele é tudo muito racional, não tem espaço para as questões do coração. As coisas são como são e pronto, acabou.

Se é você quem precisa terminar com ele, saiba que, mesmo sendo tão frio, o aquariano vai sofrer por perder um companheiro, por ter que flertar de novo e procurar outra pessoa. O ideal é manter uma conversa racional, expondo por que você não está mais feliz. Assim, ele vai te entender e ver o seu lado da situação. A parte boa disso tudo é que ele não vai te obrigar a ficar, e muito menos se transformar num ex insistente.

Quando Aquário leva um fora, ele toma uma direção oposta da que você espera: vai correr atrás de você e demonstrar interesse. Porém, não espere sentimentalismo, pois será o desafio que vai atiçá-lo a insistir. Nessa hora, você conhecerá outros lados dele, que poderá até demonstrar sentimentos. A reação dele será boa – para um aquariano, é claro. ✦

Peixes

Peixes morre de medo de terminar: ele não quer se machucar, mas também não quer magoar a outra pessoa... A solução que ele encontra é começar a fazer coisas para que o parceiro perceba que o namoro não está mais dando certo, e aí, caso a pessoa não termine com ele primeiro, ele some e sofre sozinho.

Para terminar com ele, você tem que saber que não é só o relacionamento que acaba, são sonhos, uma família, três filhos, dois gatos... Um universo de aventuras que ele criou na cabeça dele. Por isso, carinho e calma são essenciais nesse momento, mas deixe claro que é um término, já que o pisciano é avoado e pode se fazer de desentendido, de sonso, e negar o fim.

E é claro que, de todo o Zodíaco, esse signo é o que pior vive a experiência do fora: é como dar as costas para todas as expectativas que ele criou. Ao ser dispensado, o pisciano vai se magoar e cair no choro, na esperança de que a pessoa volte e fique tudo bem. O fato é: seja terminando, sendo terminado ou levando fora, Peixes vai sofrer. ✦

Como já diria Chorão (um nome bem canceriano pra um ariano, aliás), "só o que é bom dura tempo o bastante pra se tornar inesquecível". E esse foi o livro do Deboche Astral! Reuni aqui esses temas que amamos gravar, e que sabemos que quem acompanhou a trajetória do canal também amou assistir. Como já disse no começo, volte aqui sempre que quiser, e, se não quiser mais, passe adiante. Ou queime – eu ia achar bem dramático.

E se tiver qualquer reclamação do tipo "nem todo canceriano chora" ou "touro é mais que comida", por favor envie um e-mail para SAC@nãoestouinteressado.nunca.

Talvez o e-mail volte, mas pelo menos você botou pra fora, o que é o mais importante.

Beijo, até daqui a pouco.

Agradecimentos

Agradeço muito ao Rafa Brunelli e a Tifany Justo, atores principais dessa jornada cheia de deboche; aos meus irmãos Elisa e Bruno diCastro, por me ajudarem a organizar essa loucura astrológica, e aos milhões de fãs debochados que conquistamos nesses anos todos. É tudo nosso, seus lindos.

Editora Planeta
Brasil | **20 ANOS**

Acreditamos nos livros

Este livro foi composto em Adega Serif e impresso pela Gráfica Santa Marta para a Editora Planeta do Brasil em maio de 2023.

Eu preciso dizer que te amo

Paulo Tadeu

Eu preciso dizer que te amo

As melhores cantadas e declarações de amor

MATRIX

© 2010 - Paulo Tadeu

Direitos em língua portuguesa para o Brasil:
Matrix Editora - Tel. (11) 3873-2062
atendimento@matrixeditora.com.br
www.matrixeditora.com.br

Capa:
Fernanda Guedes
Marcela Nascimento Meggiolaro

Imagem da capa:
Steven Puetzer/Getty Images

Ilustrações
(páginas 7, 11, 51, 85, 113, 147 e 159):
Fernanda Guedes

Diagramação:
Fernanda Kalckmann

Revisão:
Rafael Faber Fernandes
Adriana Parra

Dados Internacionais de Catalogação na Publicação (CIP)
SINDICATO NACIONAL DOS EDITORES DE LIVROS, RJ.

Tadeu, Paulo, 1964-
Eu preciso dizer que te amo : as melhores cantadas e declarações de amor / Paulo Tadeu. - São Paulo : Matrix, 2010.
il.
Inclui bibliografia

1. Amor - Citações, máximas, etc. I. Título.

10-0492.　　　　　　　　　　CDD: 177.7
　　　　　　　　　　　　　　CDU: 177.6

Apresentação 7

Cantadas cinematográficas 11

Amor com amor se escreve 51

Dia a dia 85

As cantadas cantadas 113

Um amor de presente 147

FIM 157

Referências bibliográficas 159

Apresentação

Fazer este livro foi, literalmente, uma experiência apaixonante, pesquisando livros, filmes e discos, para ver o que existia na arte da conquista.

De certa maneira, deve ser parecido com o que vê um cupido, depois de acertar suas flechas: casais enamorados, beijos e corações espalhados pelo ar, como bem representam as histórias em quadrinhos. Eu me sentia numa espécie de voyeurismo, como se estivesse ao lado dos mais apaixonados pares, presenciando tentativas de sedução, elogios e as mais belas declarações.

É algo tão contagiante que me senti impelido a também criar alguma coisa. Palavras que eu gostaria de dizer a quem amo, nem que para isso fosse necessário criar alguma situação, como dar um presente, por exemplo.

O resultado está aqui. Se você é uma pessoa apaixonante (tenho certeza de que é) e que adora se apaixonar, mesmo que seja se reapaixonar todo dia pela pessoa que está ao seu lado, não importa há quanto tempo, *Eu preciso dizer que te amo* vai conquistar você.

Então, abra o seu coração, abra as próximas páginas e se encante com algumas das coisas mais belas e românticas na arte de se aproximar do sexo oposto. Ou até do mesmo sexo, como você achar melhor.

O autor

Cantadas cinematográficas

Olhares, insinuações, aproximações,
palavras, beijos e assim por diante.
O cinema é uma grande escola.
Quem são os grandes mestres?

– Estou exausta.
– Mas não vá dormir. Dá azar não fazer amor na primeira noite na casa nova.

(Harley Jane Kozak e Jeff Daniels, em *Aracnofobia*)

Meu coração se desfaz num grito
Se pudesse beijar por escrito
Com os lábios
Leríeis cartas minhas

(Gérard Depardieu para Anne Brochet, em *Cyrano de Bergerac*)

— Onde você mora?
— Desoris Lane.
— É lá que eu moro.
— Mesmo?
— Claro. Devemos ser vizinhos. E se há algo em que eu acredito é "ame seu próximo".

(William Holden e Audrey Hepburn, em *Sabrina*)

Um dia vou comprar um bilhete de loteria. Tirarei a sorte grande e te levarei num cruzeiro pelo Nilo. Dançaremos no convés do barco a noite toda, abraçados... olhando o sol se pôr através das pirâmides!

(Jean Rochefort para Anna Galiena, em *O Marido da Cabeleireira*)

Tu és tão bela e adorável e tens o perfume tão doce, que perturba os sentidos.

(Laurence Fishburne para Irène Jacob, em *Othelo*)

Minha vida é um livro aberto. Você lê?

(Nicole Kidman para Val Kilmer, em *Batman Eternamente*)

– Podemos usar a linguagem do amor?
– Você quer dizer, como a que os cachorros usam?

(Geena Davis e Michael Keaton, em *Apenas Bons Amigos*)

Você é o antídoto que, junto com a bebida,
me mantém equilibrado.

(Nicholas Cage para Elizabeth Shue, em *Despedida em Las Vegas*)

Você nunca sabe ou nunca saberá como meu
amor por você foi intenso e avassalador. E como
eu adorei cada cabelo, cada fio de sua barba.

(Emma Thompson para Jonathan Pryce, em *Carrington*)

— Vou ser uma grande cantora.
— Se sua voz é como tudo o mais,
você vai ser um grande sucesso.

(Sandra Dee e Bill Bixby, em *Doutor, O Senhor Está Brincando*)

– Posso lhe fazer uma pergunta?
O que você acha de mim?
– Acho como?
– Você me conhece desde
criança. Deve
ter alguma opinião formada.
– Bom, eu sempre achei a
senhora muito bonita.
– Você sabia que eu fui uma
alcoólatra?
– O quê?
– Você sabia disso?
– Olha, eu acho que
eu tenho de ir.
– Sente-se, Benjamin...
– Sra. Robinson, se não se
importa com
as minhas palavras, essa
conversa está ficando
um pouco estranha e...
eu tenho certeza de que
seu marido vai chegar a
qualquer momento...
– Não!
– O quê?
– Meu marido chegará
mais tarde. Ele deve estar de
volta bem mais tarde.
– Oh, meu Deus.
– O que foi?

– Ahn... não, não, Sra. Robinson, não.
– O que é que há de errado?
– Sra. Robinson, é... a senhora não espera que eu...?
– O quê?
– Quer dizer... a senhora não acha
que eu faria uma coisa dessas...
– Dessas o quê?
– Ah, o que a senhora acha?
– Bom, eu não sei.
– Pelo amor de Deus, Sra. Robinson... estamos aqui,
a senhora me trouxe pra sua casa, me deu bebidas,
colocou música e agora está expondo sua vida pessoal pra
mim, e me diz que o seu marido não vai voltar
tão cedo...
– E daí?
– Sra. Robinson, a senhora está tentando me seduzir...
Não está?
– Não, mas eu não tinha pensado nisso...

(Anne Bancroft e Dustin Hoffman,
em *A Primeira Noite de um Homem*)

– Quem é você realmente?
– O que você quiser que seja.

(Michelle Pfeiffer e Jack Nicholson, em *As Bruxas de Eastwick*)

– O que está fazendo?
– Sendo direto com você. Achei que iria apreciar. Sempre gostei de sexo após o almoço. Que tal?
– Você está tentando me seduzir?
– Nem sonharia em seduzi-la, Alexandra. Não insultaria sua inteligência com algo tão trivial quanto uma sedução. Mas adoraria trepar com você.

(Cher e Jack Nicholson, em *As Bruxas de Eastwick*)

– Creme e açúcar?
– Açúcar.
– Um ou dois torrões?
– Quatro. Adoro tudo o que é doce. Sou um viciado. Açúcar, chocolate, Coca-cola... Apetite incontrolável... em todos os departamentos.

(Susan Sarandon e Jack Nicholson, em *As Bruxas de Eastwick*)

– No programa, você diz "Ele nunca saberá, pois o meu beijo tem o gosto suave da pasta Brilhantex". Essa é boa.
– É verdade. Vou provar a você. [*Ela o beija*]
– Então?
– Minha fé na propaganda americana foi restaurada.

(Tom Ewell e Marilyn Monroe, em *O Pecado Mora ao Lado*)

Não ouso beijar tão formosa dama. Só tenho um coração para perder.

(Richard Gere para Julia Ormond, em *Lancelot – O Primeiro Cavaleiro*)

Quantas vezes um homem se apaixona por uma mulher a ponto de sair das telas para ficar com ela?

(Jeff Daniels para Mia Farrow, em *A Rosa Púrpura do Cairo*)

– Eu mandei as flores.
– Você?
– Sabe... Gosto de sair passeando à noite, geralmente. Gosto de olhar para as janelas escuras e imaginar como é a vida das pessoas e quais são seus sonhos. Uma noite, eu estava na rua, tarde da noite... e todas as janelas estavam escuras, menos uma. Eu parei e... olhei para cima. E vi você lá em pé... chorando. E eu pensei: "Por que ela está tão triste?". Segui você até o trabalho no dia seguinte, descobri seu nome...
– E fez aquele arranjo incrível para alguém que não conhecia?
– Desculpe se fui um estranho ontem.

(Christian Slater e Mary Stuart Masterson, em *Rosas da Sedução*)

— Posso levá-la para jantar?
— Vamos ensaiar à noite.
— Nunca conheci uma garota tão difícil de alimentar.

(Yves Montand e Marilyn Monroe, em *Adorável Pecadora*)

— Na próxima encarnação, vamos ser pássaros.
— Segundo as leis da reencarnação, na próxima vida serei mulher e você será homem.
— Eu me recuso a ser homem. Você me reconciliou em ser mulher.

(Jennifer Jones e William Holden, em *Suplício de uma Saudade*)

— Você tem costas bonitas.
— Minha mãe sempre me fez sentar ereta.
— Sou grato a ela. E ombros atraentes.
— Natação era obrigatória no colégio.
— Sou grato ao sistema de ensino público.
Há tanto para se agradecer e tão pouco tempo.

(Cary Grant e Doris Day, em *Carícias de Luxo*)

Achei que só me quisesse como amigo, que só meu coração estivesse em perigo. Vim aqui sem nenhuma expectativa, só para dizer que agora posso, que meu coração é e sempre será seu.

(Hugh Grant para Emma Thompson, em *Razão e Sensibilidade*)

Só posso viver plenamente contigo ou não viver.

(Gary Oldman, em *Minha Amada Imortal*)

– Só sei que quando estou com você, fico desnorteado.
– E quando não está?
– Fico desnorteado de outro modo.

(James Spader e Susan Sarandon, em *Loucos de Paixão*)

Ashley, diga que me ama. Viverei
disso pelo resto da minha vida.

(Vivien Leigh para Leslie Howard, em ...*E o Vento Levou*)

Aqui está um soldado sulista que ama você, Scarlett, que
quer abraçar você e na guerra lembrar-se de seus beijos.
Não se importe em me amar. Está mandando um homem
para a guerra com uma linda lembrança.

(Clark Gable para Vivien Leigh, em ...*E o Vento Levou*)

– Você flutua.
– Eu flutuo?
– Flutua. É lindo. A maioria das garotas só anda. Você flutua.

(Andy Garcia e Gabrielle Anwar, em *Coisas para Fazer em Denver Quando Você está Morto*)

– Dagney? É esse o seu nome? Tremendo nome. Meu nome é Jimmy. Posso lhe perguntar uma coisa? Ama alguém?
– O quê?
– Ama alguém no momento?
– Por quê?
– Porque se ama, não tomarei seu tempo. Não vou atrapalhar a felicidade de outro homem. Mas, se não ama ninguém, continuarei com meu papo, porque, Dagney, você é uma gata.

(Andy Garcia e Gabrielle Anwar, em *Coisas para Fazer em Denver Quando Você está Morto*)

Como lhe dizer que mudou a minha vida,
mostrar quanta doçura me trouxe? Há tanto a
dizer e não encontro palavras a não ser "eu te amo".

(Jane Seymour para Christopher Reeve,
em *Em Algum Lugar do Passado*)

Quando você precisar de mim, é só assoviar. Você sabe
como se assovia, não? É só juntar os lábios e soprar.

(Lauren Bacall para Humphrey Bogart,
em *Uma Aventura na Martinica*)

– Adoro essa música. Sempre que
a ouço, penso em você.
– Sempre que a ouço, penso em nós.

(Leslie Howard e Bette Davis,
em *Escravos do Desejo*)

Ada, eu me sinto infeliz porque eu quero você, porque eu só quero você, porque eu só consigo pensar em você. Por isso, estou sofrendo. Estou doente de tanto desejo.

(Harvey Keitel para Holly Hunter, em *O Piano*)

— Eu te amo. Te amo desde o instante em que te vi. Eu acho que te amava antes mesmo de te conhecer.
— E perguntou por que eu o convidei esta noite. Eu digo por quê: eu te amo. Eu te amo muito. Isso me dá medo. Mas é um sentimento maravilhoso.

(Montgomery Clift e Elizabeth Taylor, em *Um Lugar ao Sol*)

Roger, querido. Quero que você saiba: te amo. Mais do que qualquer mulher no mundo já amou um coelho.

(Jessica Rabbit para Roger Rabbit, em *Uma Cilada para Roger Rabbit*)

Nasci para te beijar.

(Marisa Tomei para Robert Downey Jr., em *Only You*)

— Senhorita Tita... quero dizer que estou apaixonado por você. Sei que esta declaração é atrevida e precipitada, mas é tão difícil chegar perto de você, que resolvi lhe dizer esta noite. Só quero que me diga se posso ter esperanças.
— Não sei o que dizer. Dê-me tempo para pensar.
— Não. Preciso de uma resposta agora. O amor não se pensa. Se sente ou não se sente. Sou homem de poucas, mas firmes palavras. Juro que terá meu amor eterno. Você sente o mesmo por mim?
— Sim.

(Marco Leonardi e Lumi Cavazos, em *Como Água para Chocolate*)

– Deve ser discreto.
– Oh, Deus, sim.
– Você é?
– Sou o quê?
– Discreto.
– Sim, eu sou discreto.
– Eu também.

(Glenn Close e Michael Douglas, em *Atração Fatal*)

– Como entrou aqui? Quem é você?
– Sua escrava [...] Toque mais uma peça e irei.
– Isso é ridículo. E assustador. Saia agora!
– Mas estou feliz. Finalmente o vi. E descobri que não é um homem. É um anjo. Mãos, auréolas, asas... Tudo. Boa noite, meu sonho.

(Hugh Grant e Judy Davis, em *George e Frederic*)

Sinto-me diferente com você.
Por que será? Você acalma minha fúria.

(John Malkovich, nos papéis de Dr. Jekyll e Mr. Hyde, para Julia Roberts, em *O Segredo de Mary Reilly*)

– Irei assim que possível. Beije minha
irmã por mim e dê isto a ela. Jeanne não é rica e
Le Pallet não é grande coisa, mas...
– Se você nasceu lá, já amo o lugar.

(Derek de Lint e Kim Thomson, em *Em Nome de Deus*)

– No que tá pensando?
– Não penso em nada.
– Eu sei no que tá pensando. Tá pensando na Rosalba.
– Na Rosalba?
– Pensa que eu não vi? Se derretendo pra cima de ti.
– Isso é assunto meu.
– Eu também sou mulher. Se precisa de
mulher, não vou te deixar pra outra.

(Glória Pires e Alexandre Paternost, em *O Quatrilho*)

Vou te dizer uma coisa: não saberia dizer adeus a você.

(Clark Gable para Marilyn Monroe, em *Os Desajustados*)

— Case comigo.
— O quê?
— Case comigo.
— Já casei duas vezes. Má ideia. Duas vezes.
— Quero sua companhia de manhã.
— Já me tem de manhã. Nem sei como.
— Quero ter a certeza legal de que vai estar lá.

(Michelle Pfeiffer e Robert Redford, em *Íntimo e Pessoal*)

— E você? Está feliz?
— Só se você ainda me quiser.

(Tommy Lee Jones e Jessica Lange, em *Céu Azul*)

— Quer que eu me sinta barata?
— Barata?
— Como ficarei se o deixar ir trabalhar? Quer que as outras garotas pensem que eu não posso sustentá-lo? Quero que se vista melhor que qualquer outro. Que tenha mais dinheiro no seu bolso. Quero me orgulhar de você.
— Mas, Irma, você não entende, eu...
— Nunca senti isso por ninguém. É por isso que trabalharei o dobro por você.

(Shirley MacLaine e Jack Lemmon, em *Irma la Douce*)

[*Ela desperta*]
— Sonhei que veio um fantasma.
— E o que ele fez com você, o seu fantasma?
— Você me acordou na melhor parte. Mas ele iria me possuir, com certeza.
— Como sabe que está acordada, esposa?

(Jessica Lange e Liam Neeson, em
Rob Roy: A Saga de uma Paixão)

– Você é uma mulher extraordinária, sabia?
– Devo ser. Convivo com você.

(Michael Keaton e Nicole Kidman, em *Minha Vida*)

Sabe, não poderia ser melhor. Você salvou a minha vida. Eu morria de tédio. Ainda não tinha visto nenhuma mulher atraente no navio, desde que partimos. Não é terrível isso? Já estava alarmado. E disse a mim mesmo: "Parece que as mulheres bonitas não viajam mais". E aí eu vi você. Estou salvo.

(Cary Grant para Deborah Kerr, em *Tarde Demais para Esquecer*)

– Quem é você?
– Alguém que pode amar você. Só isso. Alguém que esqueceu todo o resto, menos você.

(Greta Garbo e John Barrymore, em *Grande Hotel*)

– Não consigo pensar em mais ninguém. Só quero ver você. Só quero falar com você.

(Matthew Broderick para Harvey Fierstein, em *Essa Estranha Atração*)

– Há muito que queria lhe dizer uma coisa.
– O quê?
– Você é uma garota fofa.
– Fale mais. [*Ela apaga a luz*]
– Por que você fez isso?
– Algumas palavras têm sentido diferente no escuro.

(Frank Sinatra e Debbie Reynolds, em *Armadilha Amorosa*)

– O que estamos comemorando?
– Você é a comemoração.

(Faye Dunaway e Marlon Brando, em *Don Juan de Marco*)

Só quando comecei a sentir dor física ao
vê-la partir dei-me conta: estava apaixonado.

(John Malkovich para Michelle Pfeiffer, em *Ligações Perigosas*)

– E agora peço que me digas por qual das
minhas falhas te apaixonaste primeiro.
– Por todas ao mesmo tempo.

(Emma Thompson e Kenneth Branagh,
em *Muito Barulho por Nada*)

Só eu, ou você também está com um desejo
enorme de juntar os nossos lábios?

(Ted Danson para Isabella Rossellini, em *Um Toque de Infidelidade*)

– Pronto, eis o Fórum.
– Por que continuarmos a mentir-nos?
– Há Ângela entre nós. Está tão confiante. Ademais... é tão linda. Que sou eu comparada a ela? Você me conhece tão pouco.
– Pois estou convencido de que já nos conhecemos há muito tempo. Talvez nos encontramos aqui em Pompeia... dois mil anos atrás. Não está convencida? Aquela mensagem de amor escrita naquela parede, eu a dediquei a você. Depois, um dia, desencadeou-se a fúria do Vesúvio... todos fugiram... gritando... Mas nós não fomos capazes. Permanecemos aqui, juntos... apertando-nos no último abraço, unidos um ao outro... para sempre.

(Mark Damon e Gigliola Cinquetti, em *Dio, Come Ti Amo*).

Sinto uma atração forte, quase mamífera, por você.

(Ed Harris para Melanie Griffith, em *As Aparências Enganam*)

– É melhor você ser bonzinho comigo ou
eu levarei meu *trailer* embora.
– Pois vou lhe contar um segredo: seu *trailer*
não presta sem meu carro para puxá-lo.
– Como eu: não presto sem você.

(Lucille Ball e Desi Arnaz, em *Lua de Mel Agitada*)

Não se faça deslumbrante quando
você não estiver disponível.

(Billy Crystal para Debra Winger, em *Esqueça Paris*)

– Que engraçado. Você está no apartamento seis.
– E daí?
– Meu expediente acaba às seis.

(Juliette Binoche e Daniel Day-Lewis,
em *A Insustentável Leveza do Ser*)

Vim aqui porque, quando se percebe que
se quer ficar o resto da vida com alguém, você
quer que o resto da sua vida comece logo.

(Billy Crystal para Meg Ryan, em
Harry e Sally: Feitos um para o Outro)

Faz de conta que eu disse algo que te fez morrer de rir.

(Dennis Quaid para Julia Roberts, em *O Poder do Amor*)

— Você quer ficar comigo?
— Tanto que chega a doer.

(Michelle Pfeiffer e Robert Redford, em *Íntimo e Pessoal*)

— Agora quer saber por que gostei de você de cara?
— Por quê?
— Sinto atração por fracassados.

(Mira Sorvino e Woody Allen, em *Poderosa Afrodite*)

Eu queria saber se, por acaso... Certamente não, pois só dormi com nove pessoas. Mas queria saber... Na verdade eu sinto... Em resumo, falando bem claramente, usando as palavras de David Cassidy, quando fazia parte da Família Dó-Ré-Mi: "Eu acho que amo você".

(Hugh Grant para Andie MacDowell,
em *Quatro Casamentos e um Funeral*)

Me ligue. Estarei em casa
com ataque de ansiedade.

(Woody Allen para Diane Keaton,
em *Sonhos de um Sedutor*)

Vamos montar uma orquestra em Nova York com meu irmão, o maior compositor de Cuba, Nestor Castilho. Chamaremos de "Os Reis do Mambo". E uma moça bonita como você poderia ser a capa do disco. Interessa?

(Armand Assante, em *Os Reis do Mambo*)

– Tenho um grande elogio para você. E é verdade. [...] Eu tenho uma o quê... uma doença. O meu médico, um psiquiatra a que eu costumava ir, disse que em 50 a 60% dos casos um comprimido ajuda. Eu detesto comprimidos. São perigosos. Usei a palavra "detestar" em relação aos comprimidos. "Detestar". [...] O meu elogio para você é que na manhã seguinte eu comecei a tomar os comprimidos.
– Eu não entendo como isso possa ser um elogio para mim.
– Você me faz ter vontade de ser um homem melhor.

(Jack Nicholson e Helen Hunt, em *Melhor é Impossível*)

Não se esqueça de que não passo de uma garota
parada na frente de um rapaz pedindo a ele que a ame.

(Julia Roberts para Hugh Grant, em
Um Lugar Chamado Notting Hill)

Me ame menos, mas me ame por mais tempo.

(Grégoire Leprince-Ringuet para Louis
Garrel, em *Canções de Amor*)

Olha, eu garanto para você que haverá tempos difíceis.
Eu garanto que, algumas vezes, um ou os dois vão querer
sair fora. Mas eu também garanto que se eu não pedir
para você ser meu, eu vou me arrepender para o resto
da minha vida, por que eu sei, no meu coração,
que você é a pessoa certa para mim.

(Julia Roberts para Richard Gere, em *Noiva em Fuga*)

– Bem... Se eu não fosse a Fox Books e você não fosse A Loja da Esquina e nós tivéssemos, sabe, nos conhecido...
– Eu sei.
– Eu teria pedido o seu telefone e não teria conseguido esperar 24 horas antes de ligar para você e dizer: "Que tal tomarmos um café ou um drinque, ou jantarmos ou irmos a um cinema pelo resto de nossa vida?".
– Você e eu nunca teríamos brigado.
– A única coisa sobre a qual brigaríamos seria que vídeo alugar num sábado à noite.
– Quem briga por causa disso?
– Algumas pessoas.
– Não nós.
– Nunca brigaríamos.

(Tom Hanks e Meg Ryan, em *Mensagem Pra Você*)

Odeio o modo como você fala comigo e o modo como você corta seu cabelo; Odeio como você dirige o meu carro e odeio quando você me encara; Odeio suas enormes botas de combate e o modo como você lê minha mente; Odeio tanto você que isso me deixa doente e até me faz rimar; Eu odeio o modo como você sempre está certo; Eu odeio quando você mente; Eu odeio quando você me faz rir e mais ainda quando me faz chorar; Eu odeio quando você não está por perto e o fato de não me ligar; Mas, mais que tudo, odeio o fato de não conseguir te odiar nem um pouquinho, nem por um segundo, nem mesmo só por te odiar.

(Julia Stiles para Heath Ledger, em
10 Coisas que eu Odeio em Você)

– E mantenho a palavra. Prefiro compartilhar uma vida com você a encarar sozinha todas as eras deste mundo. Eu escolho uma vida mortal.
– Você não pode me dar isso.
– É minha para dar a quem eu quiser. Assim como o meu coração.

(Liv Tyler para Viggo Mortensen, em
Senhor dos Anéis: a Sociedade do Anel)

– Aquela outra garota, ou mulher, ou sei lá o que é... Tudo isso não passa de fantasia. Entende? As fantasias parecem sempre extraordinárias porque não trazem problemas, e se trazem, são probleminhas idiotas, como comprarmos o mesmo presente de Natal, ou ela querer ver um filme que eu já vi. A seguir vou para casa e você e eu temos problemas reais e você nem sequer quer ir ao cinema. E não há lingerie...
– Eu tenho lingerie.
– Sim, tem lingeries maravilhosas. Mas também tem calcinhas de algodão que foram lavadas mil vezes. Elas também têm, só que isso não entra na minha fantasia. Estou cansado de fantasia, porque ela não existe realmente. Nunca há surpresas e ela não chega a...
– Proporcionar o prometido?
– Proporcionar o prometido. Pois estou cansado disso. Aliás, estou cansado de tudo. Só de você é que nunca me canso.

(John Cusack e Iben Hjejle, em *Alta Fidelidade*)

Hubba, hubba, aí vem ele e hoje mais lindo que nunca. E eu não faço sexo há quatro meses... tá, seis... Por que disse a ele para parar de me convidar para sair? Idiota, idiota, IDIOTA... [em pensamento]
– Como vai, Nick?
– Lola, minha querida... Não aceito "não" como resposta.
– Sobre o quê?
– Sobre o quê? Sobre nós.
– Não me magoe, Nick, já me magoaram tantas vezes... [em pensamento]
– Eu sei que é difícil sair com uma pessoa pela primeira vez. Há sempre o medo de... nos magoarem. Pelo menos é o que eu sinto.
– Sério?
– Sempre.
– Eu também, sempre.
– Então, vamos começar devagar, e ver no que vai dar.
– Devagar é bom. Devagar é realmente muito bom. Está livre esta noite?

(Mel Gibson e Marisa Tomei, em *Do que as Mulheres Gostam*)

Eu amo você. Não vim aqui lhe dizer que não posso viver sem você. Eu posso viver sem você. Eu só não quero.

(Jennifer Aniston para Mark Ruffalo, em *Dizem por Aí*)

Princesa, eu... Antes de tudo, como você está? Bem? Hum, eu também estou bem, obrigado. Estou bem. Eu vi essa flor e pensei em você porque é bonita... bem, eu não gosto, mas eu pensei que você poderia gostar porque você é bonita. Mas eu gosto de você mesmo assim... Estou com problemas... Ok, lá vamos nós.

(Shrek ensaiando para falar com a princesa Fiona, em *Shrek*)

Não acho que você é uma idiota. Quer dizer, há elementos ridículos em você. Sua mãe é muito interessante. E você realmente é uma péssima oradora. E, humm, você costuma deixar qualquer coisa que venha a sua cabeça sair pela boca sem considerar as consequências. [...] Mas a questão é, o que estou tentando dizer, de forma totalmente desarticulada, é que, na verdade, apesar das aparências, eu gosto de você, muito. Exatamente do jeito que você é.

(Colin Firth para Renée Zellweger, em *O Diário de Bridget Jones*)

No final, o infarto foi fácil de superar. Já você... foi bem diferente. Finalmente entendi do que se trata. Tenho 63 anos e estou apaixonado pela primeira vez na vida. Foi isso o que vim aqui dizer.

(Jack Nicholson para Diane Keaton,
em *Alguém Tem que Ceder*)

Notei que seu copo estava vazio e trouxe outro martíni de maçã. Notei também que você é a cara da minha próxima namorada.

(David Wike para Eva Mendes, em *Hitch: Conselheiro Amoroso*)

Você vai se casar com ele? Olha, se você não vai se casar com ele e essa relação não é para sempre, você não perde nada aceitando meu convite para sair. Se você quer sair de circulação e se acomodar nessa relação, tudo bem. Mas estou te dando a oportunidade de abandonar esse amor tedioso.

(Vince Vaughn para Jennifer Aniston, em *Separados pelo Casamento*)

— Bem, agora que o dia está quase no fim, seria justo perguntar às duas se me acompanhariam até o meu quarto.
— Ora, vamos! Pensei que já havíamos resolvido isso.
— Vicky está tentando dizer que está noiva, só isso.
— Excelente. Então são seus últimos dias de liberdade.
— Não. Escuta, não estou livre. Estou comprometida. Sabe o que acho? E quando estou bêbada fico brutalmente franca. Eu... eu acho que você ainda está sofrendo com o fracasso do seu casamento com Maria Elena, e tenta se distrair com sexo vazio.
— Sexo vazio? Você tem uma opinião tão ruim sobre si mesma?

(Javier Bardem, Rebecca Hall e Scarlett Johansson, em *Vicky Cristina Barcelona*)

Amor com amor se escreve

Poemas, romances, cartas, contos: há sempre um
jeito bonito de expressar o amor por meio das palavras.

> Se o seu propósito era matar-me de saudade,
> sinta-se feliz, pois seu desejo se cumpriu.
>
> (*As Mil e Uma Noites*)

> [...] O que sei é que te amo!... Tu não és só o árbitro supremo de minha alma, és o motor de minha vida, meu pensamento e minha vontade. És tu que deves pensar e querer por mim... Eu? Eu te pertenço; sou uma cousa tua. Podes conservá-la ou destruí-la, podes fazer dela tua mulher ou tua escrava!... É o teu direito e o meu destino. Só o que tu não podes em mim é fazer que eu não te ame!...
>
> (Emília para Augusto, em *Diva*, de José de Alencar)

E de amar assim, muito e amiúde
É que um dia em teu corpo de repente
Hei de morrer de amar mais do que pude

("Soneto do Amor Total", de Vinicius de Moraes)

Estou escrevendo um livro de conquistas
e gostaria de fazer-lhe algumas perguntas.

(*Como Agarrar os Homens*, de Nicole Ariana)

Não me mates de felicidade, Aurélia! Que posso eu mais
desejar neste mundo do que viver a teus pés, adorando-te,
pois que és a minha divindade na Terra...

(Seixas para Aurélia, em *Senhora*, de José de Alencar)

– Maria Rosa, [...] quer casar comigo?
– Mas assim? [...] A gente não se conhece direito...
– Oh! Maria Rosa! É como se eu a tivesse conhecido a vida inteira! Você me encheu a vida, me iluminou o coração, me fez viver outra vez.

(Campos Lara para Maria Rosa, em
O Feijão e o Sonho, de Orígenes Lessa)

... Assim que eu te vejo, todos os deveres desaparecem, e eu não sou mais do que o amor por ti; a palavra amor ainda é fraca. Eu sinto por ti o que deveria sentir unicamente por Deus: um misto de respeito, de amor, de obediência.

(Senhora Rênal a Julien, em *O Vermelho e o Negro*, de Stendhal)

Fico a cismar pensativa
Neste mistério encantado...
Digo a mim: de nós dois
Quem ama e quem é amado?

(*Poemas de Florbela Espanca*, de Florbela Espanca)

– Por que o cavalheiro não põe o guarda-chuva
ali a um canto? – disse-me ela, rindo.
– É para não me tirar daqui de ao pé da menina
nem um instantinho que seja.

(Adélia para Teodorico, em *A Relíquia*, de Eça de Queirós)

– [...] Depois vieram as cartas. [...] Eu lia e relia aqueles papéis, como se cada folha trouxesse o perfume de sua alma... E aqui estou! Quero pedir-lhe perdão pela minha frivolidade: no começo, eu o amei apenas pela sua aparência. Depois, eu passei a amá-lo principalmente pelo seu espírito.
– E agora?...
– Agora, meu amor, sua alma envolveu-me por completo.

(Roxana para Cristiano, em *Cyrano de Bergerac*, de Edmond Rostand)

Não há nenhuma das filhas da Beleza
Com mágica como a tua.

(*Estrofes para a Música*, de George Gordon, o Lord Byron)

– Se você viesse pra cidade, eu podia
lhe garantir um bonito futuro...
– Fazendo o quê?
– Isso depois se via.
–Eu não sei fazer nada.
– Mulheres como você não precisam saber
alguma coisa, a não ser o que a natureza ensinou...

(Rosa e Bonitão, em *O Pagador de Promessas*, de Dias Gomes)

– Que vestido levava eu naquela tarde? –
perguntou sorrindo. – Nem se recorda!
– É um defeito meu. Não reparo no *toilette* das
moças bonitas pela mesma razão por que não se
repara na moldura de um belo quadro.

(Lucíola e Paulo, em *Lucíola*, de José de Alencar)

Teu nome, voz das areias,
Teu nome, o meu pensamento,
Escrevi-o nas areias,
Na água – escrevi-o no vento

("Teu Nome", de Manuel Bandeira)

Enches meu coração,
saturas meus olhos;
todo o meu ser canta.
Contemplar-te é a minha vida.
Transfigurar-me, a tua obra.
És melhor do que qualquer projeto;
superas qualquer invenção.

(*Tempo de Tentação*, de Sue P. Prank)

Livre és tu, porque Deus não podia formar um
ente tão perfeito para votá-lo à escravidão.

(Leôncio para Isaura, em *A Escrava
Isaura*, de Bernardo Guimarães)

Quando meu coração morrer, do teu desiste
Foi para todo o sempre que mo transferiste.

("Soneto 22", de William Shakespeare)

Dizer que brevemente serás a metade de minha alma. A metade? Brevemente? Não: já agora és, não a metade, mas toda. Dou-te a alma inteira, deixas-me apenas uma pequena parte para que eu possa existir por algum tempo e adorar-te.

(*Cartas de Amor a Heloísa*, de Graciliano Ramos)

– A gata lá deitada [na praia] parecia distante, noutras galáxias.
– Sim, é muito belo o horizonte visto desse ângulo.

("Paquera de Periferia", de Chacal)

(A bordo do Habsburg)
Há pouco perdi a terra de vista, mas minha alma não perdeu a vista de ti.

(*Cartas à Noiva*, de Rui Barbosa)

Noto, gentil Marília, os teus cabelos: e noto as faces de jasmim e rosas; noto os teus olhos belos, os brancos dentes e as feições mimosas; quem fez uma obra tão perfeita e linda, minha bela Marília, também pode fazer os céus e mais, se há mais ainda.

("Marília de Dirceu", de Tomás Antônio Gonzaga)

Vem amor. Deixa
Que te inicie
Nos segredos da concepção
Sem cegonha nem vergonha.

("Amorosamente", de Antônio Rangel Bandeira)

Teu amor na treva – é um astro,
No silêncio uma canção,
É brisa – nas calmarias,
É abrigo – no tufão.

("Dama Negra", de Castro Alves)

Para ti, formosa, o meu sonhar de louco
E o dom fatal, que desde o berço é meu;
Mas se os cantos da lira achares pouco,
Pede-me a vida, porque tudo é teu.

("Canto de Amor", de Casimiro de Abreu)

É mais fácil apagarem-se de repente estas
estrelas todas do que eu deixar de amá-la...

(Cirino para Inocência, em *Inocência*, de Visconde de Taunay)

Estudo os teus pés ao microscópio
e a alma ao telescópio!

(Mário para Cosette, em *Os Miseráveis*, de Victor Hugo)

Suas palavras [...]
Tenho fome delas como de alimento.
Tenho sede delas e minha sede é irresistível.
Suas palavras são meu alimento, seu hálito é meu vinho.

(Sarah Bernhardt para Victorien Sardou, em *Cartas de Amor de Pessoas Famosas*, organizado por John Fostini)

Como cresce dia a dia o meu amor! [...] Parece um rio em enchente, não há margens que lhe bastem, inunda tudo, senhoreia-se de tudo. [...] Amo-te de todas as formas, a todos os instantes, de dia e de noite. Amo-te como um louco. Amo-te ferozmente! Resumo o mundo em ti.

(*Cartas de Amor*, de Monteiro Lobato)

Quando você for-se embora,
moça branca como a neve, me leve.
Se acaso você não possa
me carregar pela mão,
menina branca de neve,
me leve no coração.

("Cantiga para não Morrer", de Ferreira Gullar)

Que meu amado venha ao meu jardim
e veja que delícia têm meus frutos!

(*O Cântico dos Cânticos*)

Estas coisas me animam tanto... – murmurou
ela. – Se você, durante a noite, quiser beijar-me,
basta avisar-me, e eu terei prazer em arranjar tudo
para você. Basta proferir o meu nome. Ou apresentar-me
um cartão verde. Eu estarei distribuindo cartões...

(Daisy para Gatsby, em *O Grande Gatsby*, de F. Scott Fitzgerald)

Teu corpo... a única ilha
No oceano do meu desejo.

("Poemeto Erótico", de Manuel Bandeira)

Meus olhos dizem que a amo.
Olhe-me, pois, nos olhos, e leia o que aí está escrito.
Toda moça sabe ler essa escrita.

(Germano a Maria, em *O Pântano do Diabo*, de George Sand)

Meu coração e eu nos entregamos em suas mãos.

(Rei Henrique VIII da Inglaterra a Ana Bolena, em *Cartas de Amor de Pessoas Famosas*, organizado por John Fostini)

Essa mulher, flor de melancolia
Que se ri dos meus pálidos receios
A única entre todas a quem dei
Os carinhos que nunca a outra daria.

("Soneto da Devoção", Vinicius de Moraes)

Quando passo um dia inteiro
Sem ver o meu amorzinho
Cobre-me um frio de janeiro
No junho do meu carinho.

(*Cartas de Amor de Fernando Pessoa*, de Fernando Pessoa)

Esquecer-me de ti?
Pobre insensata!
Posso acaso o fazer quando em minh'alma
A cada instante a tua se retrata?

(*Poesias Completas*, de Fagundes Varela)

– Volte para Atenas. É perigoso para uma moça ficar sozinha no bosque, ainda mais à noite.
– Não estou sozinha, você está comigo. E onde está você está o mundo inteiro. Além disso, não é noite, porque quando contemplo seu rosto, vejo a luz do sol.

(Demétrio e Helena, em *Sonho de uma Noite de Verão*, de William Shakespeare)

— A senhora... sabe... uma cousa?
E riu-se com uma risada forçada, pálida e tola.
Luizinha não respondeu. Ele repetiu no mesmo tom:
— Então... a senhora... sabe ou... não sabe?
E tornou-se a rir do mesmo modo. Luizinha
conservou-se muda.
— A senhora bem sabe... é porque não quer dizer...
Nada de resposta.
— Se a senhora não ficasse zangada... eu dizia...
Silêncio.
—Está bom... eu digo... Mas a senhora
fica ou não fica zangada?
Luizinha fez um gesto de quem estava impacientada.
— Pois então eu digo... a senhora não sabe...
eu... eu lhe quero... muito bem.

(Leonardo para Luizinha, em *Memórias de um
Sargento de Milícias*, de Manoel Antônio de Almeida)

Já que não posso arrancar meu coração para
te mandar, recebe esses dois cabelos do meu
bigode, que arranquei agora mesmo [...]

(Dom Pedro I, em *Cartas de Dom Pedro I à Marquesa de Santos*)

Querido amor, disseste a verdade: sou a madressilva e tu, a aveleira, ninguém nos poderá separar um do outro sem causar a morte de ambos.

(Isolda para Tristão, em *Tristão e Isolda*)

Não estou apaixonado. Amo-a loucamente, perdidamente. É absurdo, é insensato, é miserável. Mas eu não acreditava jamais escrever a uma mulher as palavras "eu a amo", achei agora estas palavras frias e moderadas demais para explicar o que existe entre nós.

(Lourenço a Teresa, em *Ela e Ele*, de George Sand)

És a única mulher que respondeu às fantasias que eu tinha acerca da mulher que deveria ser.

(Anaïs Nin a June, mulher de Henry Miller, em *O Diário de Anaïs Nin*)

O dia em que o conheci é como o dia
em que nasci. Neste dia tiraram meu coração
e puseram um rosto em seu lugar.

(Henry de Montherlant, citado em
Tempo de Tentação, de Sue P. Prank)

Agradeço-te, do íntimo do meu coração, o
desespero que me causas e aborreço o sossego
em que vivi antes de conhecer-te.

(Trecho da carta de Mariana de Alcoforado, em *Appassionata: os
Amores de Beethoven*, de Octacílio de Carvalho Lopes)

Então tua carta me trouxe a doce benção,
eu soube que o longínquo não existia:
Em tudo que é belo tu vens ao meu encontro,
Tu minha brisa de primavera.
Tu minha chuva de verão,
Tu minha noite de junho com mil caminhos,
nos quais nenhum iniciado me precedeu:
Estou em ti.

(Rainer Maria Rilke a Louise Andreas Salomé, citada em
Os Sentidos da Paixão, organizado por Adauto Novaes)

– Mas você não tem um apartamento?
– Um apartamento para levar amigas?
Ninguém tem isso em Roma. Teria que ser muito
rico; me contaram que antes da guerra...
– Me leve então a qualquer lugar – insistiu Fili,
acrescentando argentinamente:
– Para isso você é homem.

("História Romana", de Adolfo Bioy Casares)

E a luz do sol vem a terra abraçar
E os raios do luar beijam o mar:
De que vale esse puro laborar
Se você não vem me beijar?

("A Filosofia do Amor", de Percy Bysshe Shelley)

A lagartixa ao sol ardente vive
E fazendo verão o corpo espicha:
O clarão de teus olhos me dá vida,
Tu és o sol e eu sou a lagartixa.

("A Lagartixa", de Álvares de Azevedo)

Não há uma partícula de meu amor que não seja tua.

(James Joyce para Nora, em *Cartas de Amor a Nora Barnacle*, de James Joyce)

Amo-a o bastante para obrigá-la a concordar comigo.

(Cyril para Cécile, em *Bom Dia, Tristeza*, de Françoise Sagon)

Amado, caríssimo, você não está ao meu lado, mas todo o meu ser está pleno de você.

(Rosa Luxemburgo em carta a Leo Jogiches, em *Camarada e Amante*, de Rosa Luxemburgo)

— Que quer de mim? – perguntei-lhe.
— Você parece tão preocupado! Não fique assim empertigado. Não precisa ter medo [...] Não quer beijar-me? [...] *Beijei-a de leve na testa.*
— Não era assim que eu queria dizer.
— Não quero – disse eu. [...]
— Não quer [...] E por que não? [...]
— Tenho medo de ir demasiado longe – redargui, embaraçado.
— Eu também poderia ir muito longe.

(Ferdinand e Miranda, em *O Colecionador*, de John Fowles)

Eu queria trazer-te uns
versos muito lindos...
Trago-te estas mãos vazias
Que vão tomando a forma do teu seio.

("A Oferenda", de Mário Quintana)

Que luz brilha através daquela janela? É o oriente e Julieta é o sol! Surge, claro sol, e mata a invejosa lua. Já doente e pálida de desgosto, vendo que tu, sua serva, és bem mais linda do que ela!

(Romeu para Julieta, em *Romeu e Julieta*, de William Shakespeare)

– [...] Me entregas e me dás a tua mão como a teu legítimo esposo [...]
– Te dou a mão de legítima esposa, e recebo a tua, se ma dás de livre vontade, sem que a turbe nem a contraste a calamidade produzida pela tua precipitada resolução.
– Dou sim – respondeu Basílio –, não turbado nem confuso, mas com o claro entendimento que o céu me concedeu, e assim me entrego por teu esposo.
– Eu por tua esposa – respondeu Quitéria –, quer vivas por longos anos, quer te arranquem dos meus braços para a sepultura.

(Basílio e Quitéria, em *Dom Quixote de La Mancha*, de Miguel de Cervantes)

Tenho fome de tua boca, de tua voz, de teu pelo,
e pelas ruas vou sem nutrir-me, calado, não me
sustenta o pão, a aurora desequilibra, busco o
som líquido de teus pés no dia.

(*Cem Sonetos de Amor*, de Pablo Neruda)

Sim, penso constantemente na senhora! [...] Não sei que força ainda me impeliu para a senhora. Pois não se luta contra o céu, não se resiste ao sorriso dos anjos! Deixemo-nos arrastar pelo que é belo, encantador, adorável!

(Rodolphe a Emma, em *Madame Bovary*, de Gustave Flaubert)

– Ninguém te obrigou a amar-me e tu amaste-me e amas-me; ninguém te arrastou para junto de mim, e tu ofereceste os pulsos às minhas cadeias!... És meu! És meu escravo; não é assim?...
– Oh! E como é doce poder sê-lo.

(Dionísia a Luciano, em *Uma Paixão Romântica*, de Joaquim Manuel de Macedo)

Tu me enches todo o pensamento; sinto mesmo que a parte boa da minha alma é feita da tua alma. Vives comigo na comunhão bendita deste afeto, como eu vivo contigo; és o meu único pensamento, a minha vida.

(Rodrigues de Abreu a Aracy, em *Rodrigues de Abreu e suas Cartas de Amor*)

Tu me havias, portanto, conquistado tão completamente quanto era possível; só me restava pertencer-te.

(*Abelardo e Heloísa*, de Jeanne Bourin)

Lóri ligou o número de telefone:
– Não poderei ir, Ulisses, não estou bem.
Houve uma pausa. Ele afinal perguntou:
– É fisicamente que você não está bem?
Ela respondeu que não tinha nada físico. Então ele disse:
– Lóri, *disse Ulisses, e de repente pareceu grave embora falasse tranquilo,* Lóri: uma das coisas que aprendi é que se deve viver apesar de. Apesar de, se deve comer. Apesar de, se deve amar. Apesar de, se deve morrer. Inclusive muitas vezes é o próprio apesar de que nos empurra para a frente.
Foi o apesar de que me deu uma angústia que insatisfeita foi a criadora de minha própria vida. Foi apesar de que parei na rua e fiquei olhando para você enquanto você esperava um táxi. E desde logo desejando você, esse teu corpo que nem sequer é bonito, mas é o corpo que eu quero. Mas quero inteira, com a alma também. Por isso, não faz mal que você não venha, esperarei quanto tempo for preciso.

(Lóri e Ulisses, em *Uma Aprendizagem ou O Livro dos Prazeres*, de Clarice Lispector)

– Escute, Oliver, já lhe disse que o amo?
– Não, Jen.
– Por que não me perguntou?
– Para dizer a verdade, tinha medo.
– Pergunte-me então, agora.
Ela me olhou e não estava sendo evasiva quando me respondeu:
– Que é que você acha?
– Acho que sim. Talvez.
Beijei-lhe o pescoço.
– Oliver...
– Hem?
– Fique sabendo que não o amo...
Que queria dizer ela com isso, meu Deus?
– Não o amo porque o amo demais, Oliver.

(Jen e Oliver, em *Love Story*, de Erich Segal)

Despertei com o teu nome nos lábios. Fui à janela e os pessegueiros tinham florescido. [...] Digo aos pessegueiros o nome com que despertei. Já o conheciam e ficavam repetindo. Precisavas ver: os pessegueiros em coro a florir teu nome...

("Os Pessegueiros em Flor", de Paulo Hecker Filho)

Meu tesouro adorado: [...] Desde que te deixei, com a dor que podes imaginar, não tenho sido capaz de sossegar o meu coração infeliz. Agora sei quanto te amo e que não posso viver sem ti. Toda esta imensa solidão está cheia da tua memória.

(Carta de Perón a Evita, em *Eva Perón*, de
Nicholas Fraser e Marysa Navarro)

Tu purificaste-me, a tua mulher, com todos os seus defeitos porque vivo em ti, sinto por ti e penso através de ti.

(Carta de Evita a Perón, em *Eva Perón*, de
Nicholas Fraser e Marysa Navarro)

– [...] Mas antes de tudo quero saber
uma coisa... És casada?
Kokua prorrompeu numa gargalhada sonora.
– Já que me perguntas, por minha vez também perguntarei:
és casado?
– Não, Kokua. Não sou. E nunca havia pensado
em casar-me até este momento. Encontrei-te à beira
de um caminho, vi teus olhos tão brilhantes como as estrelas
e meu coração voou junto a ti com ligeireza
de ave. Se te sou indiferente, dize-mo e seguirei meu
caminho; mas se me julgas pelo menos igual a qualquer dos
jovens da comarca, dize-mo também e irei a
tua casa, pedirei hospitalidade para passar a noite
nela, e amanhã falarei com teu pai.

(Keawe para Kokua, em *O Médico e o
Monstro*, de Robert Louis Stevenson)

Periodicamente, os jornais mais lidos pelo povo
anunciam, em suas colunas reservadas aos crimes
passionais, o depoimento de um homem que matou
uma mulher; resumem-se, na maioria das vezes,
numa frase banal – "Eu lhe dizia sempre: – Você
será minha ou de ninguém!". É mesquinho, vulgar e
totalmente indigno, mas tenho vontade de repeti-lo.

(*Cartas a Jacqueline*, de Alexis Pomerantzeff)

– Este cachorrinho é seu, senhor?
– Era meu até há alguns momentos; mas a senhorita assumiu de repente um notável ar de propriedade em relação a ele.
– Não poderíamos compartilhar essa propriedade?

(Isabel e Ralph, em *O Retrato de uma Senhora*, de Henry James)

Amo-a, meu querido e tépido sol.

(*Cartas de Amor a Lilja Brik*, de Vladimir Maiakovski)

– E sabe que outra coisa senti, Valentin?,
mas só durante um minuto.
– O quê? Fale, mas fica assim, quietinho...
– Só durante um minuto, me pareceu que não
estava aqui... nem aqui nem fora...
– ...
– Me pareceu que eu não estava... que
você estava sozinho.
– ...
– Ou que eu não era eu. Que agora eu... era você.

(Molina para Valentim, em *O Beijo da Mulher Aranha*, de Manuel Puig)

– Eu sei que você vai rir, mas...
– Sim?
– Por favor, não pense que é paquera.
– Não penso, não. Pode falar.
– Eu não conheço você de algum lugar?
– Pode ser...
– Nice, 1971 [...]
– Não, não, em 71 eu não estive em Nice. [...]
– Londres lhe diz alguma coisa?
– Londres, Londres...
– Se não foi em Londres, então... Onde?
– Precisamos descobrir. Hoje eu não durmo
sem descobrir onde nos conhecemos.
– No meu apartamento ou no seu?

(*Comédias da Vida Privada*, de Luis Fernando Verissimo)

Dia a dia

As histórias das pessoas ao seu redor, sua própria experiência, a TV, a propaganda: a toda hora há alguma coisa interessante que merece registro. Basta estar atento.

Adoro conhecer as pessoas ao contrário. Então, com licença, vou lhe dar um beijo em primeiro lugar, depois pergunto seu nome.

Eu percebi que você está com uma cara de "proibido estacionar", mas até arrisco uma multa para tentar ficar um pouco ao seu lado.

A Ford Models tem garotas muito bonitas. Você, com certeza, deve ser da Ferrari Models.

Posso não ser o gênio da lâmpada de Aladim,
mas realizo todos os seus desejos.

Um guia da cidade, rápido, porque
você me deixou perdido de paixão.

Que tal se a gente se conhecesse um pouco melhor, antes
de eu mandar bordar nossos monogramas nos lençóis?

Oi, eu sou Yin. Você, com certeza, deve ser Yang.

Eu adoro crianças. Principalmente quando elas
crescem e se tornam pessoas maravilhosas como você.

Seu signo combina com o meu? Se não combinar, mudo agora a data da minha certidão de nascimento.

Na porta da casa dela, prontos para a despedida, depois que marcaram outro encontro para a manhã do dia seguinte:
– Amanhã você me acorda?
– Claro. Você quer que eu telefone ou te cutuque?

(De alguém que passou uma cantada em Danuza Leão)

Você sabe como estragar o mau humor dos outros.

(Garfield, na *Folha de S. Paulo*, 11 de fevereiro de 1997)

Você a vê caminhando ao lado da mãe:
– Com licença, senhora, mas eu tenho uma proposta irrecusável: troco a sua filha pelo meu pai.

Se você, discretamente, perder este sapato,
juro que vou fazer você virar minha Cinderela.

Eu já acreditei em muita besteira: Papai Noel,
coelhinho da Páscoa, bicho-papão. Mas nunca
pensei que príncipe encantado existisse de verdade.

A mãe deve ser artista plástica e o pai, escultor.

(Outdoor da *Playboy*)

Será que você poderia me dar o telefone de
um oculista? Eu devia ter estado cego
todos esses anos por nunca ter visto você.

Para aquela pessoa maravilhosa no carro ao
lado, quando o trânsito se recusa a andar:
– Sabia que eu nunca tinha pensado que um
congestionamento pudesse ser tão bonito?

Ajude um jogador de futebol frustrado: me dê bola.

Na virada do ano:
– Eu sou aquele pedido que você acabou
de fazer pulando as sete ondinhas.

– Oi, meu nome é Daniel, tenho 30 anos. Sou engenheiro, tenho um emprego muito legal, um salário ótimo, sou solteiro, Escorpião com ascendente em Áries. Adoro praia, música e cinema. Daqui a pouco você também vai estar falando de você, a gente vai se conhecer melhor e, no final da noite, vou pegar o seu telefone. Aí, depois eu ligo e a gente sai. Após o terceiro ou quarto encontro, é bem possível que a gente vá para a cama, comece a namorar e, se estivermos bem apaixonados, pode pintar um casamento. Até esse ponto, tudo maravilhoso. O problema é que depois de uns anos casados, pode ser que eu ou você fiquemos cansados um do outro e aí vamos nos separar. Acontece que fiquei pensando nisso tudo e, como não quero que essa parte triste da história aconteça, vim bater um papo com você para ver como a gente podia dar um jeito nessa situação.

(Adaptado de *How To Pick Up Girls*, de Ira Alterman)

Campanha de combate ao desperdício: não
fique sozinha este fim de semana. Vamos sair.

Campanha de valorização do teatro:
vamos ver uma peça juntos?

Campanha de combate à corrupção: acabe
com o colarinho branco. Deixe aqui na minha
camisa limpinha a sua marca de batom.

Campanha de combate à violência:
pare de me torturar. Fique comigo.

Campanha de combate à fome: me alimente de beijinhos.

Campanha de doação de órgãos:
doe o seu coração pra mim.

Campanha de prevenção de acidentes:
não corra dos meus braços.

Campanha de combate à sonegação:
entregue uma declaração de amor pra mim.

Sei que beijo não enche barriga, mas pelo
menos seu coração nunca vai reclamar de fome.

Na salada de frutas da minha vida,
você é a maçã do amor.

Na minha sopa de letrinhas, só consigo ler o seu nome.

Desde que te conheci, vivo nas nuvens. Será que
os anjos vão chamar a polícia por invasão de domicílio?

Se no final do arco-íris tem um tesouro,
está faltando um arco-íris em cima de você.

Se você não consegue soltar esse sentimento
que tem preso por mim, eu arranjo um *habeas corpus*.

Você deveria vir com tarja preta:
causa dependência física e mental.

Obedeça à sinalização. Não mantenha distância de mim.

Agora que te conheci é que entendo aquelas
aulas sobre reações químicas explosivas.

Antes de ir à cartomante escrevi seu nome
na minha mão. Agora não vai ter jeito de
ela não ver você como meu destino.

Vamos montar um conjunto: The Mamas and The Papas?

Você é mesmo um tesouro. Ainda bem que
rasguei o mapa assim que te encontrei.

Eu não sei se essa história de que polos
opostos se atraem é verdadeira, mas que estou
me sentindo um ímã, ah, isso eu estou.

Neste inverno, tenha um aquecedor portátil:
me leve para debaixo do seu cobertor.

O Ibope foi fazer pesquisa lá em casa: deu
você em primeiro lugar. E nos outros também.

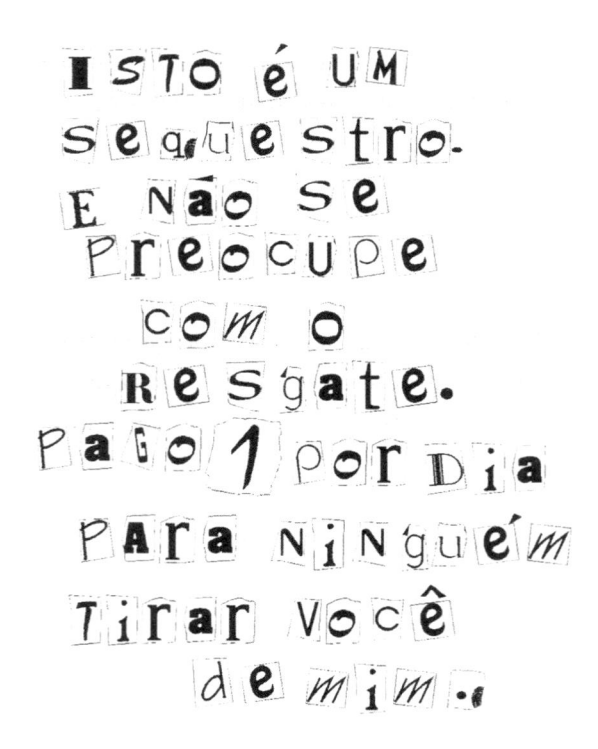

ISTO é UM
sequestro.
E não se
preocupe
com o
resgate.
Pago 1 por dia
para ninguém
tirar você
de mim.

Se você pensa que pode fazer de mim o que quiser, você está totalmente... certo.

Vi na TV que a gente deve preservar as belezas naturais. Me deixa cuidar um pouquinho de você?

Até que a morte nos separe, uma ova. Vamos ser o par de anjinhos mais bonitos do céu.

Se um dia eu reencarnar como formiga, vou torcer para você vir como um pote de açúcar.

Você é um cometa que se chocou comigo e me colocou na órbita do amor.

Qual a marca daquele macarrão de um fio só que aparece no desenho *A Dama e o Vagabundo*? Fala que eu vou preparar agora para nós dois.

Ainda que eu quisesse frear meus impulsos por você, nem freio ABS resolveria.

Meu coração estava devastado. Aí
apareceu você e reflorestou tudo.

Se sua vida anda sem sal, eu sou o saleiro.

(Adaptado de um anúncio da Honda)

Jesus mandou que nos amássemos uns aos outros. Eu
já comecei a fazer a minha parte em relação a você.

Caso você queira pagar os favores que me deve, aceito.
Mas só se for em espécie.

Eu sou a luz da sua vida. Só
falta você acender o interruptor.

Podemos nos comportar muito bem juntos,
ou, se você preferir, justamente o contrário.

Na próxima encarnação quero nascer no
mesmo dia e maternidade que você, assim a
gente vai ter mais tempo de passar a vida juntos.

Agora já sei por que chamavam o cupido de estúpido.
É porque ele não tinha flechado nós dois há mais tempo.

Aplico em ações, em ouro, em poupança, em imóveis,
mas nada me rende tanto quanto um sorriso seu.

Comprei um relógio quebrado para não
ver o tempo passar quando estiver a seu lado.

Este aqui é o meu certificado de garantia. Você tem direito de me usar por sete dias. Se não gostar, pode devolver. Só o certificado, é claro.

Não precisa entrar na Força Aérea para viver nas nuvens. É só estar ao meu lado.

Nota de falecimento: morri de saudades porque não te vi ontem à noite.

Não sei por que estudei tanto a vida inteira, se tudo o que preciso saber está na história dos seus olhos, na geografia do seu corpo e na química dos seus beijos.

Física 1: Quanto maior a distância entre dois corpos, menor a força de atração. Por favor, me deixe ficar bem coladinho no seu corpo para você ver o que acontece.

Física 2: Todo corpo que tem massa atrai outro corpo com massa, na razão direta de suas massas. Vamos bater uma lasanha hoje à noite?

Biologia: Minha pele é formada por derme, epiderme e você.

Um dia, todo Super-Homem encontra sua kriptonita.

(Anúncio da Valisère)

É impossível ser feliz sozinho.
A não ser que você esteja sozinho comigo.

Dormir ao seu lado é tão bom que
chega a ser um projeto de vida.

(Júlio Lopes para Adriane Galisteu)

Pare de lavar essa louça, por favor. Ou você
acha que eu quero um marido bom de pia?

Fui ver o que era felicidade no dicionário, mas
a definição estava errada. Deveria constar seu nome.

Hoje é Dia das Mães. Bem que a gente poderia providenciar um motivo pra comemorar esta data ano que vem.

Dia dos Namorados é um dia como outro qualquer. A noite é que é diferente.

(Anúncio da Valisère)

Para o dia em que terminar o horário de verão: te amo 25 horas por dia.

Te odeio, te detesto, saia de perto de mim, nunca mais quero te ver, suma da minha frente. 1º de abril.

Arranja uma ambulância e vem me
buscar: estou doente por não te ver.

Seu nome devia ser marca-passo: é
por sua causa que meu coração bate.

Meu eletrocardiograma só consegue
diagnosticar os efeitos da falta que você me faz.

Meu coração bate no seu. E isso
não foi nenhum transplante.

Que Prozac, que nada. Basta um sorriso seu.

Pode fazer um raio X do meu peito e você
vai ver seu coração batendo junto ao meu.

Dar um beijo queima
12 calorias. Que tal
queimarmos uns 12 bilhões
delas hoje à noite?

Acabei de me formar com o Drácula.
Posso fazer um estágio no seu pescoço?

Seu beijo é o meu combustível. Será que você pode me
indicar o posto mais próximo pra eu abastecer?

Se a gente fosse peixe, eu sei que tipo seria: namorado.

Já que somos profissionais tão bem-sucedidos,
poderíamos abrir uma sociedade. Que tal num enxoval?

Tudo na vida é passageiro. Menos o cobrador,
o motorista e o meu amor por você.

E
U T
E A M O
E D U V I D O

QUE VOCE NAO CONSIGA VER ISSO

Preciso tomar cuidado com toda a sua beleza.
Ainda não acabou a carência do meu
plano de saúde para problemas cardíacos.

O que eu posso dar pra uma pessoa que tem tudo,
como você? Apenas a única coisa que você tem: eu.

Gosto se discute. Vamos conversar sobre eu
gostar de você e você gostar de mim?

Estou tentando somar todas as coisas boas
de você, mas acho que não vai dar. Minha
calculadora só tem vinte dígitos.

Eu seria capaz de lutar contra
um dragão para obter seus favores.

(Jim Carrey para sua namorada, Lauren Holly,
na entrega do *MTV Music Awards* de 1995)

As cantadas cantadas

Haja musa para tanta inspiração. A cada novo lançamento, novas e românticas declarações. Isto aqui é só uma pequena amostra da maior fonte de expressão do romantismo: a música.

Quem dera
A primavera da flor
Tivesse todo esse aroma de beleza
Que é o amor
Perfumando a natureza
Numa forma de mulher.

(Carlos Lyra/Vinicius de Moraes –
"Coisa Mais Linda" – Gravação: João Gilberto)

Tô perdendo a razão quando a gente se vê.

(Kiko Zambianchi – "Eu Te Amo Você" – Gravação: Marina Lima)

Te ver e não te querer
È improvável, é impossível.

(Samuel Rosa/Lelo Zaneti/Chico Amaral – "Te Ver" – Gravação: Skank)

Por isso eu corro demais, só pra te ver, meu bem.

(Roberto Carlos/Erasmo Carlos – "Por isso
eu corro demais" – Gravação: Roberto Carlos)

Pois vai ser lindo assim
Gostoso assim
Na minha cama

(Falcão/Tarcísio Matos – "As bonitas que me
perdoem, mas a feiura é de lascar" – Gravação: Falcão)

Oo baby, here I am, signed, sealed delivered, I'm yours.

Aqui estou eu: assinado, selado e entregue, eu sou seu.

(Stevie Wonder/Lee Garrett/Syreeta Wright e Lula Mae Hardaway –
"Signed, Sealed, Delivered, I'm Yours" – Gravação: Stevie Wonder)

Cola em mim até ouvir coração no coração.

(José Miguel Wisnick – "Se Meu Mundo Cair –
Gravação: José Miguel Wisnik)

Nós dois fomos feitos muito pra nós dois.

(Caetano Veloso – "Nosso Estranho Amor" –
Gravação: Caetano Veloso e Marina Lima)

E eu queria alguém
Lá no fundo do coração

(Dalto/Claudio Rabello – "Pessoa" – Gravação: Dalto)

Não há nada mais bonito que uma rosa
Uma rosa no jardim
Só teus olhos se comparam quando olhas
Quando olhas pra mim

(Moniz – "Cantiga das Rosas" –
Gravação: Pena Branca e Xavantinho)

Eu acho que sentei
No formigueiro do amor.

(Herbert Vianna – "Volúpia" – Gravação: Paralamas do Sucesso)

O seu exército invadiu o meu país.

(Herbert Vianna – "Me Liga" – Gravação: Paralamas do Sucesso)

Eu tenho que aprender a dizer
Tudo o que sinto por você
Eu tenho que aprender
Num desses seriados de TV.

(Herbert Vianna – "Cinema Mudo" –
Gravação: Paralamas do Sucesso)

Por que você não olha pra mim?
Por trás destas lentes também bate um coração.

(Herbert Vianna – "Óculos" – Gravação: Paralamas do Sucesso)

Eu queria ver no escuro do mundo
Onde está tudo o que você quer
Pra me transformar no que te agrada
No que me faça ver
Quais são as cores e as coisas pra te prender?

(Herbert Vianna – "Quase um Segundo" –
Gravação: Paralamas do Sucesso)

Eu me rendo ao perigo
De tua doce invasão
E o que mais acontecer.

(Herbert Vianna/João Barone/Renato Russo – "O Que
Eu não Disse" – Gravação: Paralamas do Sucesso)

Não sei se te amo pra sempre ou pra nunca mais.

(Herbert Vianna – "Fingido" – Gravação: Paralamas do Sucesso)

Eu não sei se vem de Deus
Do céu ficar azul
Ou virá dos olhos teus
Essa cor que azuleja o dia

(Djavan – "Azul" – Gravação: Gal Costa)

Você passou assim por mim e eu me perdi.

(Djavan – "Mar à Vista" – Gravação: Djavan)

De tudo o que há na terra
Não há nada em lugar nenhum
Que vá crescer sem você chegar.

(Djavan – "Oceano" – Gravação: Djavan)

Quanto mais desejo um beijo seu
Muito mais eu vejo gosto em viver.

(Djavan – "Pétala" – Gravação: Djavan)

**Tua pele, um bourbon
Me aquece como eu quero.**

(Djavan – "Outono" – Gravação: Djavan)

Quero ficar no teu corpo feito tatuagem.

(Chico Buarque/Ruy Guerra –"Tatuagem" – Gravação: Elis Regina)

Sim, me leva para sempre, Beatriz,
Me ensina a não andar com os pés no chão.

(Chico Buarque/Edu Lobo – "Beatriz" –
Gravação: Milton Nascimento)

Você é meu caminho, meu vinho
Meu vício, desde o início.

(Caetano Veloso – "Meu Bem Meu Mal" – Gravação: Gal Costa)

Pela luz dos olhos teus
Eu acho meu amor
e só se pode achar
Que a luz dos olhos meus
Precisa se casar.

(Vinicius de Moraes – "Pela Luz dos Olhos Teus" –
Gravação: Tom Jobim e Miúcha)

Nem a manhã apaga a luz
que tem a chama do teu belo olhar.

<small>(Francisco Ribeiro – "Pregão" – Gravação: Madredeus)</small>

*There's a hole in my heart
That can only be filled by you*

Há um buraco no meu coração
Que só pode ser preenchido por você.

<small>(Nuno Bettencourt/Gary Cherone – "Hole Hearted" –
Gravação: Extreme)</small>

Você tem exatamente 3.000 horas
Para parar de me beijar
Meu bem, você tem tudo
Para me conquistar
Você tem apenas
um segundo
Para aprender a me amar
Meu bem, você tem
a vida inteira
Para me devorar.

<small>(Cazuza/Frejat/Ezequiel Neves –
"Por que a Gente é Assim?" –
Gravação: Barão Vermelho)</small>

> Você é algo assim
> É tudo pra mim
> É como eu sonhava, baby.

(Tim Maia – "Você" – Gravação: Tim Maia)

> Enquanto me tiver
> Que eu seja a última
> e a primeira.

(Ângela Ro Ro/Ana Terra – "Amor, Meu Grande Amor" – Gravação: Ângela Ro Ro)

> Quando penso em alguém
> só penso em você.

(Renato Russo – "Por Enquanto" – Gravação: Legião Urbana)

Foi assim como ver o mar
A primeira vez que meus olhos
Se viram no seu olhar

(Flávio Venturini/Ronaldo Bastos – "Todo Azul do Mar" –
Gravação: 14 Bis)

Tu és divina e graciosa
Estátua majestosa do amor
Por Deus esculturada

(Pixinguinha – "Rosa" – Gravação: Marisa Monte)

Hoje eu quero a rosa mais linda que houver
E a primeira estrela que vier
Para enfeitar a noite do meu bem

(Dolores Duran – "A Noite do Meu Bem" –
Gravação: Milton Nascimento)

As rosas não falam
Simplesmente as rosas exalam
O perfume que roubam de ti.

(Cartola – "As Rosas não Falam" – Gravação: Cartola)

I just called to say I love you.

Eu só liguei pra dizer que te amo.

(Stevie Wonder – "I Just Called To Say I love You" – Gravação: Stevie Wonder)

Amor igual ao teu
Eu nunca mais terei
Amor que eu nunca vi igual
Que eu nunca mais verei
Amor que não se pede
Amor que não se mede
Que não se repete

(Nando Reis/Marisa Monte –"Onde Você Mora?" – Gravação: Cidade Negra)

Seu corpo é fruto proibido
É a chave de todo pecado e da libido
E pra um garoto introvertido como eu
É a pura perdição

(Paulo Ricardo/Luiz Schiavon – "Olhar 43" – Gravação: RPM)

Dio, come ti amo
non è possibile
avere tra le braccia
tanta felicità

Meu Deus, como te amo
Não é possível
Ter em meus braços
Tanta felicidade

(Domenico Modugno – "Dio, Come ti Amo" –
Gravação: Gigliola Cinquetti)

Stay a minute can't you see that I
I wanna fall from the stars
straight into your arms

Espere um minuto
Será que você não pode ver
Que eu quero cair das estrelas
Direto nos seus braços?

(Mick Hucknall – "Stars" – Gravação: Simply Red)

Eu sou apenas um pobre
amador apaixonado
Um aprendiz do teu amor

(Antônio Carlos Jobim – "Luíza" – Gravação: Antônio Carlos Jobim)

Eu te amo desde que anjo caído cai.

(Samuel Rosa/Chico Amaral – "Réu & Rei" – Gravação: Skank)

Aonde o sopro do amor irá guiar os meus passos?
Aonde, que não na direção dos seus braços.

(Lula Queiroga – "Sopro do Amor" – Gravação: Zizi Possi)

Dormir no teu colo é tornar a nascer.

(João Bosco/Capinam – "Papel Machê" – Gravação: João Bosco)

Vou subir por essas serras
Construir lá noutras terras
Um ranchinho pra nós dois

(Rennê Bittencourt –"Sertaneja" – Gravação: Tetê Espíndola)

You are everything and everything is you

Você é tudo e tudo é você

(Thom Bell/Linda Creed – "You Are Everything" –
Gravação: Rod Stewart)

Será que você vai saber
O quanto penso em você com o meu coração?

(Renato Russo – "O Descobrimento do Brasil" –
Gravação: Legião Urbana)

My romance doesn't need a thing but you.

Meu romance não precisa de nada, a não ser de você.

(Richard Rodgers/Lorenz Hart – "My Romance" – Gravação: Carly Simon)

Quando lhe achei, me perdi
Quando vi você me apaixonei

(Chico César – "À Primeira Vista" – Gravação: Chico César)

Te quero pra sempre, baby
Acredita em mim
Jamais amei alguém tanto assim
Me molha e me beija
Que eu confesso, enfim
Você é meu desejo, minha vida e fim

(Marina Lima – "Confessional" – Gravação: Marina Lima)

O teu desejo é meu melhor prazer
E o meu destino é querer sempre mais
A minha estrada corre pro teu mar

(Pino Danielle/Nelson Motta – "Bem
que se Quis" – Gravação: Marisa Monte)

Deixa eu querer-te, mulher
Dar-te tudo que você um dia desejou
Ter-te sempre ao meu lado
Como você é e te amar como eu sou

(Toquinho/Mutinho – "Canção pra Mônica" – Gravação: Toquinho)

Você precisa de um homem pra chamar de seu
Mesmo que esse homem seja eu

(Roberto Carlos/Erasmo Carlos – "Mesmo que Seja Eu" –
Gravação: Marina Lima)

Quando vi teu olhar, teu sorriso rosado
Compreendi já não sou meu
Meu coração tremeu

(Erik Satie – Versão: Nelson Motta – "Cenas de um Amor" –
Gravação: Leila Pinheiro)

Vem cá mulher deixa de manha
Minha cobra quer comer sua aranha.

(Raul Seixas/Cláudio Roberto –"Rock das Aranhas" –
Gravação: Raul Seixas)

Te ganhei no paparico
Te papariquei
Quis te dar um fino trato e me apaixonei.

(Ronaldo Barcellos/Délcio Luiz – "Paparico" –
Gravação: Grupo Molejo)

Você é meu doce gostoso que eu como e limpo o prato
Você é o meu pãozinho fresco sem bromato
Você é minha vitamina, o meu sonho com recheio
Meu quindim, meu pão de ló com chantilly no meio

(Mário Manga – "Padaria" – Gravação: Premê)

Me tranca na geladeira
Apaga minha fogueira
Promete qualquer besteira
Que eu fico toda faceira

(Kleiton e Kledir – "Tô que Tô" – Gravação: Simone)

Mina
Seus cabelo é da hora
Seu corpão violão
Meu docinho de coco
Tá me deixando louco

(Dinho – "Pelados em Santos" – Gravação: Mamonas Assassinas)

Pois tudo que é amor
Parece com você
Pense, lembre
Nunca vou te esquecer

(Tunai/Sérgio Natureza – "Eternamente" – Gravação: Gal Costa)

Perto de você a noite é uma canção
E o vento tem palavras

(Renato Teixeira – "O Tempo e a Canção" –
Gravação: Maria Bethânia)

Não se admire se um dia
Um beija-flor invadir a porta da tua casa
Te der um beijo e partir
Fui eu que mandei o beijo
Que é pra matar o desejo

(Vital Farias – "Ai Que Saudade d'Ocê" – Gravação: Elba Ramalho)

Todo quadro negro é todo negro, é todo negro
Eu escrevo seu nome nele só pra demonstrar o meu apego

(Jorge Mautner/Nelson Jacobina – "Maracatu Atômico" –
Gravação: Jorge Mautner)

Lança, menina, lança todo esse perfume
Desbaratina, não dá pra ficar imune
Ao teu amor, que tem cheiro de coisa maluca.

(Rita Lee/Roberto de Carvalho – "Lança Perfume" –
Gravação: Rita Lee)

Já tens meu corpo, minha alma, meus desejos
Se olhar pra ti estou olhando pra mim mesmo
Fim da procura, tenho fé na loucura
De acreditar que sempre estás em mim

(Ivan Lins/Vitor Martins – "Doce Presença" –
Gravação: Nana Caymmi)

Eu quero estar com você
Até nem sermos mais sós
Até o amor não poder viver sem nós

(Cláudio Nucci/Paulo César Pinheiro – "Eu Quero
Estar com Você" – Gravação: Nana Caymmi)

O Havaí, seja aqui
O que tu sonhares
Todos os lugares
As ondas dos mares
Pois quando te vejo
Eu desejo teu desejo

(Caetano Veloso – "Menino do Rio" –
Gravação: Baby Consuelo)

Meu pedaço de universo é no teu corpo.

(Taiguara – "Universo no Teu Corpo" – Gravação: Taiguara)

Pra mim tu és a estrela mais linda
Teus olhos me prendem, fascinam
A paz que eu gosto de ter

(Dominguinhos/Nando Cordel – "De Volta
pro Aconchego" – Gravação: Elba Ramalho)

Se você quer ser minha namorada
Ah!, que linda namorada
Você poderia ser
Se quiser ser somente minha
Exatamente essa coisinha
Essa coisa toda minha
Que ninguém mais pode ser
Você tem que me fazer um juramento
De só ter um pensamento
Ser só minha até morrer

(Carlos Lyra/Vinicius de Moraes – "Minha Namorada" – Gravação: Tim Maia)

Enquanto a chama arder
Todo dia te ver passar
Tudo viver ao teu lado
Com o arco da promessa
No azul pintado pra durar

(Beto Guedes/Ronaldo Bastos – "Amor de Índio" – Gravação: Beto Guedes)

8 days a week, 8 days a week
I love you
8 days a week is not enough to show I care

Oito dias por semana eu te amo
Oito dias por semana
Não são suficientes para
mostrar como eu gosto de você

(John Lennon/Paul McCartney – "Eight Days a Week" –
Gravação: The Beatles)

Sofro calado pra não lhe dizer a cada segundo
O que é um segundo sem você

(Milton Nascimento/Régis Faria – "Sofro Calado" – Gravação:
Milton Nascimento)

Você tem a faca, o queijo
e meu coração na mão.

(Frejat/Guto Goffi – "Flores do Mal" – Gravação: Barão Vermelho)

Eu preciso dizer que te amo
Te ganhar ou perder sem engano

(Bebel Gilberto/Cazuza/Dé – "Preciso Dizer
que Te Amo" – Gravação: Cazuza)

Eu te darei o céu, meu bem
E o meu amor também.

(Roberto Carlos/Erasmo Carlos – "Eu Te
Darei o Céu" – Gravação: Roberto Carlos)

Vem, meu coração
se enfeitou de céu
Se embebedou
na luz do teu olhar

(Dominguinhos/Nando Cordel – "Dedicado a Você" – Gravação: Zizi Possi)

Se eu soubesse
Se eu soubesse que morrendo
Tu me havias
Tu me havias de chorar
Por uma lágrima
Por uma lágrima tua
Que alegria
Me deixaria matar

(Amália Rodrigues/Carlos Gonçalves – "Lágrima" – Gravação: Dulce Pontes)

Olhe bem nos meus olhos
Quando falo contigo
E vê quanta coisa
Eles dizem que eu não digo

(PeterPan – "Se Queres Saber" – Gravação: Nana Caymmi)

Há menos peixinhos a nadar no mar
Do que os beijinhos que eu darei na sua boca

(Tom Jobim/Vinicius de Moraes – "Chega de Saudade" –
Gravação: João Gilberto)

É a sua vida que eu
quero bordar na minha
Como se eu fosse o linho
e você fosse a linha

(Gilberto Gil – "O Linho e a Linha" – Gravação: Gilberto Gil)

You've already won me over in spite of me
Don't be alarmed if I fall head over feet
Don"t be surprised if I love you for all that you are
I couldn't help it
It's all your fault

Você já me conquistou, apesar da minha vontade
Não se assuste se eu me apaixonar da cabeça aos pés
E não fique surpreso se eu te amar por tudo que você é
Eu não pude evitar,
É tudo culpa sua.

(Alanis Morissette – "Head Over Feet" – Gravação: Alanis Morissette)

É só pensar em você
Que muda o dia
Minha alegria dá pra ver
Não dá pra esconder
Nem quero pensar se é certo querer
O que vou lhe dizer
Um beijo seu
E eu vou só pensar em você

(Chico César – "Pensar em Você" – Gravação: Rita Ribeiro)

Deixa eu dizer que te amo
Deixa eu gostar de você
Isso me acalma, me acolhe a alma
Isso me ajuda a viver

(João Higino Filho – "Amor I Love You" – Gravação: Marisa Monte)

E as coisas lindas são mais lindas
Quando você está
Hoje você está
Onde você está
As coisas são mais lindas
Porque você está
Onde você está
Hoje você está
Nas coisas tão mais lindas

(Nando Reis – "As Coisas Tão Mais Lindas" – Gravação: Cássia Eller)

Vermelhos são seus beijos
Quase que me queimam
Que meigos são seus olhos
Lânguida face
Seus beijos são vermelhos
Quase que me queimam
Que meigos são seus olhos
Lânguida face

(Vanessa da Mata – "Vermelho" – Gravação: Vanessa da Mata)

I won't hesitate no more, no more
It cannot wait, I'm sure
There's no need to complicate, our time is short
This is our fate, I'm yours

Eu não hesitarei mais, não mais
Não dá para esperar, tenho certeza
Não precisa complicar
O nosso tempo é curto
Esse é o nosso destino, eu sou seu

(Jason Mraz – "I'm Yours" – Gravação: Jason Mraz)

Um amor de presente

Muitas vezes, por mais caro que seja o presente, não dá para negar a importância de um belo embrulho e, principalmente, um cartãozinho para acompanhar. É a única coisa capaz de fazer frente a um diamante: os dois são para sempre.

Caneta
Assine seu nome no meu coração.

TV quebrada
Já que a gente vai ter coisas mais interessantes para fazer à noite do que ficar vendo televisão, comprei um modelo perfeito.

Corda
Quer fazer o favor de se amarrar em mim?

Estetoscópio
Estou com uma dorzinha, mas não sei
exatamente onde. Acho que você vai ter
de ajudar a descobrir.

Toalha
Você não é o tipo de mulher que merece ser enrolada.
A não ser, é claro, aqui.

Cobertor
Nem sei por que comprei isto aqui se toda
noite você já dorme coberta de beijos.

Lingerie
Prepare-se para os próximos blecautes.

(Anúncio da Valisère)

Lingerie ou cueca de seda
Fica comigo esta noite e não te arrependerás.

Avião
Não falei que eu arrastava uma asinha por você?

Carro
Para você me levar para o mau caminho.

Navio
Marquei um naufrágio
para nós dois semana
que vem pertinho de uma
ilha deserta.

Massageador para as costas
Se você vier testar este presente comigo, vai acabar
com duas dores que tenho: a das costas e a do coração.

Tela, pincéis e tintas
Pretendo estrear hoje à noite na minha carreira
de modelo vivo. Você não quer me incentivar?

Relógio
Não se preocupe se você se atrasar para os nossos encontros. Serão os atrasos mais lindos do mundo.

Agenda de telefones
Todos os telefones de que você precisa para deixar sua vida mais feliz estão aqui. Preencha todos os espaços com seu número, completando cada letra: A = Amor; C = Carinho; F = Felicidade, e assim por diante.

Abóbora
Se hoje à noite isto não virar uma carruagem, me liga que eu vou na sua casa ver o que aconteceu.

Um pé de sapato ou de tênis
Alguma coisa me diz que vamos fazer o par perfeito.

Jornal
Você ainda não sabe que eu te amo?
É melhor você começar a ler jornal.

(Junto, a página com o anúncio pessoal
que você mandou publicar, assinalado).

Boneca Barbie
Você não quer casar a sua Barbie com o meu Falcon?

Anel de diamante numa caixa
Não é só o futebol que é uma caixinha de surpresas.

Outro anel
Achei que seu dedo anular da mão
esquerda andava precisando de companhia.

Sapatinho de bebê
Hoje fui aprovada num teste muito importante.

Um vidro de perfume vazio
Ainda não inventaram perfume
melhor do que o da sua pele.

FIM

Adeus. Ama-me. Adoro-te.

(Rodrigues Alves a Aracy, em *Rodrigues Alves e Suas Cartas de Amor*)

Um beijo de vinte e cinco minutos no teu pescoço.

(*Cartas de Amor a Nora Barnacle*, de James Joyce a Nora)

Adeus, amor.
Beijos, beijinhos, beijões,
beijocos, beijocas e
beijerinzinhos do teu,
sempre muito teu.

(*Cartas de Amor de Fernando Pessoa*, de Fernando Pessoa)

Referências bibliográficas

ABREU, Casimiro. *Poesia*. Rio de Janeiro: Agir, 1983.

ABREU, Rodrigues. *Rodrigues de Abreu e suas cartas de amor*. Bauru: Jalovi, 1994.

ALENCAR, José. *Romances ilustrados de José de Alencar*. Rio de Janeiro: José Olympio, 1977.

ALMEIDA, Manoel Antônio. *Memórias de um sargento de milícias*. Rio de Janeiro: LTC, 1978.

ALTERMAN, Ira. *How to pick up girls*. Watertown: Ivory Tower, 1994.

ARIANA, Nicole. *Como agarrar os homens*. Rio de Janeiro: MM, 1973.

AS MIL E UMA NOITES. São Paulo: Scipione, 1987.

BANDEIRA, Antônio Rangel. *Aurora vocabular*. Rio de Janeiro: *Porta de Livraria*, 1967.

BANDEIRA, Manuel. *Antologia poética*. Rio de Janeiro: José Olympio, 1982.

BARBOSA, Rui. *Cartas à noiva*. Rio de Janeiro: Civilização Brasileira/Fundação Casa de Rui Barbosa, 1982.

BOURIN, Jeanne. *Abelardo e Heloísa*. São Paulo: Difel, 1981.

CASARES, Adolfo Bioy. *Histórias de amor*. Porto Alegre: L&PM, 1987.

CERVANTES, Miguel. *Dom Quixote de La Mancha*. São Paulo: Abril Cultural, 1978.

CHACAL. *Comício de tudo*. São Paulo: Brasiliense, 1986.

DUARTE, Marcelo. *O guia dos curiosos*. São Paulo: Schwarcz, 1995.

ESPANCA, Florbela. *Poemas de Florbela Espanca*. São Paulo: Martins Fontes, 1996.

FACIOLI, Valentim. *Antologia de poesia brasileira*: romantismo. São Paulo: Ática, 1985.

FITZGERALD, F. Scott. O Grande Gatsby. São Paulo: Abril, 1980.

FLAUBERT, Gustave. *Madame Bovary*. São Paulo: Nova Alexandria, 1993.

FOSTINI, John. *Cartas de amor de pessoas famosas*. São Paulo: Ibrasa, 1965.

FOULES, John. *O colecionador*. São Paulo: Abril, 1965.

FRANK, Sue P. *Tempo de tentação*: uma antologia amorosa. São Paulo: EPU, 1984.

FRASER, Nicholas; NAVARRO, Marysa. *Eva Perón*. Lisboa: Bertrand, 1985.

GONZAGA, Tomás Antônio. *Marília de Dirceu*. São Paulo: Melhoramentos, 1964.

GRÜNEVALD, José Lino (org.). *Grandes poetas da língua inglesa do século XIX*. Rio de Janeiro: Nova Fronteira, 1988.

GUIMARÃES, Bernardo. *A escrava Isaura*. São Paulo: Ática, 1990.

GULLAR, Ferreira. *Os melhores poemas de Ferreira Gullar*. São Paulo: Global, 1986.

HECKER Filho, Paulo. *Cartas de amor: verso e prosa*. Porto Alegre: Tchê!, 1986.

HUGO, Victor. *Os miseráveis*. Porto: Civilização, 1986.

JAMES, Henry. *O retrato de uma senhora*. São Paulo: Schwarcz, 1995.

JOYCE, James. *Cartas de amor a Nora Barnacle*. São Paulo: Massao Ohno, 1982.

KRUZ, Gaspar. *O cântico dos cânticos por El-Rei e Poeta Salomão*. Rio de Janeiro: Imago, 1988.

LISPECTOR, Clarice. *Uma aprendizagem ou o livro dos prazeres*. Rio de Janeiro: Nova Fronteira, 1980.

LOBATO, Monteiro. *Cartas de amor*. São Paulo: Brasiliense, 1982.

LUXEMBURGO, Rosa. *Camarada e amante*. Rio de Janeiro: Paz e Terra, 1986.

MAIAKOVSKI, Vladimir. *Cartas de amor a Lilja Brik*. São Paulo: Hemus, 1973.

MORAES, Vinicius. *Antologia poética*. Rio de Janeiro: José Olympio, 1988.

_____. *O melhor de Vinicius de Moraes*. São Paulo: Schwarcz, 1994.

NERUDA, Pablo. *Cem sonetos de amor*. Porto Seguro: L&PM, 1979.

NIN, Anaïs. *O diário de Anaïs Nin*. Lisboa: Bertrand, 1966.

PEDRO I. *Cartas de amor de Dom Pedro I à Marquesa de Santos*. Rio de Janeiro: Nova Fronteira, 1984.

PESSOA, Fernando. *Cartas de amor de Fernando Pessoa*. Lisboa: Ática, 1978.

POMERANTZEFF, Alexis. *Cartas à Jacqueline*. São Paulo: Brasil, 1970.

PUIG, Manuel. *O beijo da Mulher Aranha*. Rio de Janeiro: Codecri, 1980.

QUEIRÓS, Eça. *A relíquia*. Rio de Janeiro: Bruguera, 1971.

QUINTANA, Mário. *Nova antologia poética*. Rio de Janeiro: Globo, 1985.

RAMOS, Graciliano. *Cartas de amor a Heloísa*. Rio de Janeiro: Record, 1994.

ROSTAND, Edmond. *Cyrano de Bergerac*. São Paulo: Scipione, 1987.

SAGAN, Françoise. *Bom dia, tristeza*. Rio de Janeiro: Record, 1954.

SAND, George. *Ela e ele*. São Paulo: Clube do Livro, 1963.

SEGAL, Erich. *Love story*. São Paulo: Círculo do Livro, 1981.

SHAKESPEARE, Wiliam. *Romeu e Julieta*. São Paulo: Círculo do Livro, 1983.

_____. *Seleção de 22 sonetos*. Belo Horizonte: Agência Americana, 1965.

_____. *Sonho de uma noite de verão*. São Paulo: Scipione, 1986.

STENDHAL. *O vermelho e o negro*. Rio de Janeiro: Globo, 1983.

STEVENSON, Robert Louis. *O médico e o monstro*. São Paulo: Universitária, 1942.

TAUNAY, Alfredo de Escragnolle. *Inocência*. São Paulo: Ática, 1990.

TRISTÃO E ISOLDA. Rio de Janeiro: Francisco Alves, 1988.

TUFANO, Douglas. *Literatura comentada*: Joaquim Manuel de Macedo. São Paulo: Abril Educação, 1981.

VARELA, Fagundes. *Poesias completas*. São Paulo: Saraiva, 1962.

VERISSIMO, Luis Fernando. *Comédias da vida privada*. Porto Alegre: L&PM, 1995.

Anuários do Clube de Criação de São Paulo

Folha de S. Paulo

Revista Caras

www.matrixeditora.com.br

As 500 melhores coisas de namorar
Autoras: Andrea Cals e Marcela Catunda

Depois de algum tempo namorando é muito comum não notar os 100% do que a outra pessoa pode nos proporcionar de bom. Ainda bem que agora você tem esse livro. De maneira muito divertida, você vai descobrir aqui todos os tipos de pessoas com as quais pode se relacionar. E várias situações que pode viver com elas.

Dicionário das loucuras de amor
Autora: Viviane Pereira

Aqui está uma obra para você se divertir, se apaixonar e se encantar. Um dicionário que explica de forma inteligente todo o universo associado às paixões das mulheres, seus relacionamentos, suas entregas, suas inseguranças, seus desejos de amar e serem amadas.

Carteira de namoro
Autora: Marcela Catunda

Carteira de Namoro é uma divertida paródia de uma Carteira de Trabalho, com páginas para registrar os momentos mais legais do relacionamento e também uma lista com os direitos e deveres dos namorados, férias da relação e também as regras de segurança no namoro.

Antes do sim
Autora: Adriana Costalunga

Casar é algo simples, e separar-se tornou-se uma coisa mais simples ainda. Porém, simples não significa fácil. Afinal, a separação envolve diversos aspectos – dos emocionais aos financeiros, passando pela vida dos filhos. Que tal, então, avaliar um dos passos mais importantes que você está para dar? Este livro vai ajudar você.

MATRIX